Evangelismo

Sobrenatural

Guillermo Maldonado

Evangelismo Sobrenatural

Nuestra Visión

Llenar la tierra con el conocimiento de la gloria de Dios.

Llamados a traer el poder sobrenatural de Dios a esta generación.

Evangelismo Sobrenatural

Edición octubre 2008

ISBN-10: 1-59272-013-7
ISBN-13: 978-1-59272-013-2

Portada diseñada por:
ERJ Publicaciones

Categoría:
Evangelismo

Publicado por:
ERJ Publicaciones
13651 SW 143 Ct., Suite 101, Miami, FL 33186
Tel: (305) 233-3325 – Fax: (305) 675-5770

Impreso en EUA

ঠ Índice ଔ

❧ Introducción ☙

Según una estadística del Instituto Bíblico Moody, solamente el dos por ciento de los cristianos han guiado a una persona a Jesús. Lamentablemente, esto es una triste verdad, que tenemos que reconocer nosotros los cristianos.

Sin embargo, y a pesar de esta desalentadora noticia, nos encontramos con muchos creyentes que desean evangelizar y muchos de ellos tienen el llamado, pero por falta de conocimiento no pueden ejercer este mandato. Ellos necesitan enseñanza y adiestramiento para poder capacitarse, y así, cumplir con éxito la misión a la cual fueron llamados.

Los pastores, los apóstoles, los profetas, los maestros y los evangelistas, somos los responsables de enseñar, adiestrar y desatar en ellos la compasión y la carga por los perdidos, para que puedan cumplir con la sagrada misión de evangelizar a un mundo perdido.

Es debido a lo anterior, que este libro ha sido escrito, precisamente para proveer a los creyentes de algunas herramientas que le pueden ayudar en su tarea evangelizadora. Mi oración es que el Espíritu Santo lo incentive para que cumpla el llamado que usted tiene como hijo de Dios de *"...id por todo el mundo y predicad el evangelio a toda criatura". Marcos 16.15*

CAPÍTULO 1

La gran comisión, un mandato de Jesús

¿Qué es la gran comisión?

Es el mandato o la misión que Jesús nos dejó para que lleváramos a cabo, y consiste en dos cosas. Éstas son:

1. **"Id por todo el mundo y predicad el evangelio a toda criatura".**

   "15Y les dijo: —Id por todo el mundo y predicad el evangelio a toda criatura". Marcos 16.15

   Nótese que Jesús usa la palabra "id". Hay muchos creyentes que están cómodos y no quieren ir, pero esto no es si queremos o no, esto es un mandato. Dios no nos tiene en la Iglesia para calentar una banca, ni para danzar solamente; tampoco para nuestra comodidad, sino para que salgamos a ganar almas en su nombre.

2. **"Id por todo el mundo y haced discípulos".**

   "19Por tanto, id y haced discípulos a todas las naciones, bautizándolos en el nombre del Padre, del Hijo y del Espíritu Santo...". Mateo 28.19

Hacer discípulos, es otro mandato dado por Jesús a su Iglesia, y la manera de cumplirlo es: "ir y ganar las almas"; y después de que sean salvas, adiestrarlas en todo lo relacionado con el evangelio, para que puedan cumplir el propósito que Dios tiene para sus vidas. "Enséñenles a ser buenos testigos míos, dijo Jesús, adiéstrenlos y equípenlos para que ellos hagan lo mismo con otros".

La causa principal por la cual esto no se ha cumplido, es porque no hay creyentes que hayan sido "discipulados" para ganar almas, y en esto, nosotros los pastores, debemos reconocer nuestra responsabilidad. Estamos más ocupados peleando por la oveja que se nos fue con el otro pastor, que batallando contra el diablo por las almas que él nos está robando.

Resumiendo, podemos decir que, la gran comisión se compone de dos etapas: número uno, ir por todo el mundo a evangelizar; y número dos, discipular a aquellos que se salvan.

Jesús nos comisiona y nos envía; éstos son términos apostólicos. Jesús nos envía, pero juntamente con la comisión, nos da las herramientas para cumplir la misión. La palabra clave de todo esto es "ir", y es al ir, que las señales nos seguirán.

¿Cuáles son las herramientas que nos dio Jesús para "Ir", y qué cosas ocurrirán en el camino?

1. **Jesús nos dio la autoridad (autoridad es lo mismo que potestad).**

"18Jesús se acercó y les habló diciendo: Toda potestad me es dada en el cielo y en la tierra". Mateo 28.18

"19He aquí os doy potestad de hollar serpientes y escorpiones...". Lucas 10.19

En estos dos versos, vemos que cuando Jesús resucita, recibe toda la potestad, la autoridad; elemento que inmediatamente, nos entrega a nosotros los creyentes.

¿Qué es autoridad?

La palabra *autoridad* viene del vocablo griego *"exousia"*, que significa derecho legal delegado para hacer lo que Él nos mandó. Es un poder que tenemos los creyentes para hacer cosas en su nombre y decir que "Él es Jesús". Él es quien nos delegó su autoridad y nos dio el derecho legal de usar su nombre, de hablar abiertamente acerca del evangelio, de echar fuera demonios y sanar a los enfermos. Usted y yo tenemos la autoridad para hacerlo.

2. Jesús nos dio el mensaje.

"⁴⁶y les dijo: —Así está escrito, y así fue necesario que el Cristo padeciera y resucitara de los muertos al tercer día...". Lucas 24.46

"²³pero nosotros predicamos a Cristo crucificado, para los judíos ciertamente tropezadero, y para los gentiles locura". 1 Corintios 1.23

"²...pues me propuse no saber entre vosotros cosa alguna sino a Jesucristo, y a éste crucificado". 1 Corintios 2.2

El mensaje que Jesús nos dio para llevar a cabo la gran comisión, consta de dos partes. Éstas son:

- **Crucifixión, muerte y resurrección de Jesús.**

  Nuestro mensaje es, que Jesús padeció muerte de cruz para salvarnos de nuestros pecados y resucitó al tercer día para nuestra justificación y redención.

  Lamentablemente, el mensaje de la cruz de Jesús se está predicando muy poco desde los púlpitos; y por tal razón, no tenemos conversiones.

- **"El arrepentimiento y el perdón de pecados".**

  Ésta es la segunda parte del mensaje que Jesús nos entregó, el cual debemos llevar a todo el mundo.

"⁴⁷y que se predicara en su nombre el arrepentimiento y el perdón de pecados en todas las naciones, comenzando desde Jerusalén". Lucas 24.47

"¹⁵Decía: El tiempo se ha cumplido y el reino de Dios se ha acercado. ¡Arrepentíos y creed en el evangelio!". Marcos 1.15

Hoy día, se predica un evangelio que solamente ofrece panes y peces; un evangelio cómodo, por conveniencia y no de arrepentimiento de pecados.

¿Cuál es el mensaje que, en esencia, Jesús nos está enviando a hablar?

Debemos decirle al impío que es pecador y que necesita arrepentirse de todos sus pecados. Además, hacerle saber que ha ofendido a Dios, que necesita cambiar su manera de pensar y de actuar. También, ese mensaje de arrepentimiento, debe llevar a toda persona a un cambio de dirección y de acción, porque de otro modo, va camino a la perdición.

La única manera para que la convicción del Espíritu Santo venga sobre una persona, es decirle que es pecador, porque el Espíritu Santo convencerá al mundo de pecado, justicia y juicio.

"⁸Y cuando Él venga, convencerá al mundo de pecado, de justicia y de juicio". Juan 16.8

Si no le hablamos al mundo de su pecado, la unción para convencerlo del mismo, no vendrá sobre él y no nacerá de nuevo. Sin embargo, encontramos a miles de personas que pasan al altar a recibir a Jesús, pero luego no permanecen, porque se les ofrecen soluciones a sus problemas, bendiciones, salud, restauración de su matrimonio y prosperidad; y todo esto es bueno hablarlo, pero antes de dejarles saber estas cosas, debemos llevarlos a arrepentirse de sus pecados, al decirles que Jesús padeció, murió y resucitó por el pago de éstos.

En resumen, la comisión dada por Jesús a nosotros los creyentes, es predicar la muerte, la crucifixión y resurrección de Cristo, y decirle a las personas que crean en el evangelio y que se arrepientan de sus pecados. ¡Amén!

3. Jesús nos dio la unción y el poder.

"8...pero recibiréis poder cuando haya venido sobre vosotros el Espíritu Santo, y me seréis testigos en Jerusalén, en toda Judea, en Samaria y hasta lo último de la tierra". Hechos 1.8

Cuando el Señor nos envió, no nos mandó sin armas, Él nos dio la autoridad, el mensaje y el poder.

La palabra **poder** en el griego es *"dunamis"*, que significa la habilidad para llevar a cabo lo que se nos envió a hacer. La palabra **dinamita** tiene su raíz en la palabra *"dunamis"*. ¿No es poderoso lo que Dios nos da para llevar su evangelio?

¿Cómo se reciben este poder y esta unción?

Este poder y esta unción, vienen a nosotros, cuando recibimos la llenura del Espíritu Santo con la evidencia de hablar en otras lenguas. Si usted no ha recibido esta evidencia, búsquela ahora mismo. Pídale al Señor, ser lleno con su poder. La señal que evidencia que hemos sido llenos de ese poder y unción de lo alto, es cuando empezamos a hablar en nuevas lenguas.

¿Cuál es el propósito de este poder?

"8...y me seréis testigos en Jerusalén, en toda Judea, en Samaria y hasta lo último de la tierra". Hechos 1.8

La palabra clave aquí es: **testigos.** La razón por la cual se recibe el bautismo con el Espíritu Santo, es para que seamos testigos de Jesús, con la evidencia de hablar en otras lenguas. Un testigo es alguien que da testimonio de un hecho que él mismo vivió.

Hay muchos creyentes que reciben este poder, esta unción y esta llenura, pero no la usan del todo, no testifican ni hablan de Cristo. Sin embargo, el propósito principal por el cual se nos dio este poder fue, precisamente, ser testigos y ganadores de almas.

4. Jesús nos dio las señales, milagros y sanidades.

"17Estas señales seguirán a los que creen: En mi nombre echarán fuera demonios, hablarán nuevas lenguas..." *Marcos 16.17*

El Señor nos dio las señales para confirmar que su evangelio es la verdad, y que estas verdades nos siguen para poder demostrar su poder.

¿Qué es una señal?

Es una marca del amor y del poder de Dios. Es algo que provoca el asombro del observador. Es una marca o indicación que hace que el espectador se maraville por lo que oye y lo que ve.

¿A quiénes siguen estas señales?

A los que creen. Lamentablemente, hay muchos creyentes, pastores, y ministros que no creen en estas señales, por lo tanto, no les siguen, debido a que su incredulidad o sus tradiciones no les dejan creer.

Para que estas señales le sigan, simplemente usted tiene que ser un creyente que cree la Palabra y tiene fe para ello, pues esto no es para los escépticos ni para los incrédulos.

¿Cuáles son las señales que les siguen a los creyentes al predicar el evangelio?

- "Hablarán nuevas lenguas".

- "Echarán fuera demonios".

- "Tomarán en la mano serpientes y no morirán".

- "Si bebieren cosa mortífera, no les hará daño".

- "Sobre los enfermos pondrán sus manos y sanarán".

Jesús nos da estas señales para confirmar su Palabra y su evangelio, y para que ellas nos sigan, lo que tenemos que hacer es creerlas, practicarlas y actuar en ellas.

Resumiendo lo que el Señor nos dio para cumplir la gran comisión, fue su autoridad, el mensaje, el poder y las señales.

Las señales y maravillas tienen varios propósitos:

- Hacen que el pueblo hable, ministre y ore con denuedo y osadía.

  "30...mientras extiendes tu mano para que se hagan sanidades, señales y prodigios mediante el nombre de tu santo Hijo Jesús". Hechos 4.30

- Acompañan o le siguen al que es enviado.

"36Éste los sacó, habiendo hecho prodigios y señales en tierra de Egipto, en el Mar Rojo y en el desierto por cuarenta años". Hechos 7.36

- Dan testimonio de la palabra de Dios.

"3Sin embargo, se detuvieron allí mucho tiempo, hablando con valentía, confiados en el Señor, el cual daba testimonio de la palabra de su gracia, concediendo que se hicieran por las manos de ellos señales y prodigios". Hechos 14.3

- Son el anuncio publicitario de Dios para atraer a las personas.

CAPÍTULO 2

¿Quiénes deben evangelizar?

Los creyentes. Existe un concepto equivocado en la Iglesia de Jesucristo, donde se supone que el pastor es el único que tiene que evangelizar. Hay personas que dicen frases tales como: "para eso se le paga" y desafortunadamente, ese tipo de mentalidad está destruyendo el evangelismo en las iglesias. Los pastores están llamados a adiestrar, enseñar y equipar a los creyentes para evangelizar, pero son los creyentes los que tienen la responsabilidad de hacerlo.

¿Qué nos dice la Palabra al respecto?

- **Dios nos ha dado el ministerio de la reconciliación.**

"¹⁸Y todo esto proviene de Dios, quien nos reconcilió consigo mismo por Cristo, y nos dio el ministerio de la reconciliación...". 2 Corintios 5.18

Nuestro trabajo es reconciliar al mundo, al pecador o al impío, con su Creador por medio del mensaje del evangelio. Nosotros los creyentes debemos procurar la paz entre los pecadores y Dios por medio del arrepentimiento, y también, gemir y orar por éllos.

- **Es responsabilidad de todo creyente librar a los perdidos.**

"11Libra a los que son llevados a la muerte, salva a los que tienen su vida en peligro". Proverbios 24.11

Dios nos manda personas para que les hablemos del Señor. Tenemos que hablar de este evangelio a aquellos que nos encontramos todos los días para que sean liberados de la muerte.

- **Cada creyente tiene la responsabilidad de amonestar al inconverso.**

"18Cuando yo dijere al impío: De cierto morirás; y tú no le amonestares ni le hablares, para que el impio sea apercibido de su mal camino a fin de que viva, el impío morirá por su maldad, pero su sangre demandaré de tu mano. 19Pero si tú amonestares al impío, y él no se convirtiere de su impiedad y de su mal camino él morirá por su maldad, pero tú habrás librado tu alma". Ezequiel 3.18, 19

Nuestra responsabilidad es decirle al impío que es un pecador y que su pecado le va a destruir.

- **Los creyentes sabios son ganadores de almas.**

"30El fruto del justo es árbol de vida; el que gana almas es sabio". Proverbios 11.30

- **Los inconversos no pueden oír si los creyentes no les predican.**

"14¿Cómo, pues, invocarán a aquél en el cual no han creído? ¿Y cómo creerán en aquél de quien no han oído? ¿Y cómo oirán sin haber quien les predique? 15¿Y cómo predicarán si no son enviados? Como está escrito: ¡Cuán hermosos son los pies de los que anuncian la paz, de los que anuncian buenas nuevas! Romanos 10.14, 15

Hoy día, la cosecha de almas es grande en todo el mundo. Hay miles que lo único que están esperando es una palabra de un creyente, pero no hay nadie que les hable el evangelio; alguien tiene que ir y llevarles el mensaje.

- **El creyente es la sal y la luz de la tierra.**

"13Vosotros sois la sal de la tierra; pero si la sal pierde su sabor, ¿con qué será salada? No sirve más para nada, sino para ser echada fuera y pisoteada por los hombres. 14Vosotros sois la luz del mundo; una ciudad asentada sobre un monte no se puede esconder". Mateo 5.13, 14

La razón por la cual el Señor nos dejó aquí en la tierra, es para que seamos luz y sal; para que llevemos luz donde haya tinieblas y para que seamos una respuesta al dolor de la humanidad. Dios no nos dejó aquí en la tierra para estar cómodos y calentar bancas, sino para predicar las buenas nuevas de salvación.

- **El Señor necesita obreros para evangelizar.**

"2Y les dijo: «La mies a la verdad es mucha, pero los obreros pocos; por tanto, rogad al Señor de la mies que envíe obreros a su mies". Lucas 10.2

Dios está buscando obreros disponibles, que tengan pasión por las almas y las busquen con todo su corazón. La cosecha está lista, solamente hace falta que alguien vaya y hable la palabra del evangelio para que pueda recogerla. Dios tiene todo en abundancia, con la excepción de obreros, y la razón de esto, es que no depende de Él, sino de la voluntad de los hombres.

- **Cada creyente debe aprovechar el tiempo para poder evangelizar.**

"5Andad sabiamente para con los de afuera, aprovechando bien el tiempo". Colosenses 4.5

Hoy es el tiempo señalado para ganar almas y para recoger la cosecha. No lo perdamos en cosas que no son de valor eterno. Aprovechemos la oportunidad para evangelizar en la escuela, en el vecindario, en el trabajo, en la oficina, en la fábrica, en el campo de juego y en cualquier otro lugar que estemos. La gente está esperando, y es nuestro trabajo y responsabilidad como creyentes, ganar almas y evangelizar a toda criatura.

Ya sabemos que Jesús nos comisionó para ir por todo el mundo. Él ya nos dio la autoridad, el mensaje, el poder y las señales. Sabemos también, que es nuestra responsabilidad como creyentes predicar el evangelio, y que es responsabilidad de nuestro pastor, enseñarnos y adiestrarnos. Ahora, visualicemos algunas estadísticas que nos muestran el estado crítico en que se encuentra nuestra sociedad y la importancia que tiene el obedecer el mandato del Señor.

Estadísticas de la condición de la sociedad en los Estados Unidos de América:

Población general: 280.562.489

Aproximadamente, 46 millones de mujeres abortan niños todos los años. Esto es un promedio de 126,000 abortos diarios alrededor del mundo. (Allan Guttmacker Institute 98).

Aproximadamente, 1.3 millones de fugitivos juveniles alrededor de la nación viven en las calles. Un promedio de 1 a 7 niños, entre las edades de 10 a 18 años de edad, se escapan de sus hogares diariamente. (National Runaway Switchboard).

Aproximadamente, 17 personas de 100,000 mueren como resultado del suicidio alrededor del mundo. Esto representa una muerte por suicidio cada 40 segundos. (World Health Organization).

Aproximadamente, el 22.1% de la población, mayor de 18 años, sufre de algún tipo de desorden mental. Una de cada cinco personas, para un total de más de 44 millones en los Estados Unidos. (National Institute of Mental Health).

Aproximadamente, 18.8 millones de adultos norteamericanos sufren de depresión, o sea, el 9.5% a nivel nacional. A nivel local, 9.1% de la población sufre de depresión. (National Institute of Mental Health).

El 41% de los matrimonios, a nivel nacional, terminan en divorcio. (National Center for Health Statistics).

En este momento, una de cada 32 personas a nivel nacional, está encerrada en cárceles y prisiones de los Estados Unidos. Esto representa el 3.1% de la población adulta. (Bureau of Justice Statistics).

Aproximadamente, 14 millones de norteamericanos usan alcohol al grado de alcoholismo; esto es uno de cada 13 adultos. (National Institute of Alcohol Abuse and Alcoholism).

Se estima que el 10% de la población nacional es homosexual de alguna manera, con un promedio de 4% estrictamente homosexual. (The Kinsey Study).

Aproximadamente, 4 millones de mujeres mueren anualmente agredidas por su novio o esposo. Una de cuatro mujeres corre el riesgo de ser asaltada diariamente. En años pasados, 1.37 millones de mujeres reportaron haber sido abusadas. Cuatro mujeres por día resultan ser víctimas de ataques. (Bureau of Justice Statistics).

En el año 2000, fueron reportados 5 millones de casos de abuso de niños, al Servicio de Protección de los Niños. Aproximadamente, 1,012,000 de los niños resultaron ser víctimas. Los números han aumentado alarmantemente desde esa fecha. (The Administration for Children and Families).

Aproximadamente, 600,000 hombres, mujeres y niños duermen en las calles de los Estados Unidos cada noche. (One Heart Foundation).

Aproximadamente, 16.6 millones de ciudadanos de los Estados Unidos usan drogas. Esto representa el 7.3% de la población nacional. (Narconon of Southern California).

El 60% de todas las charlas "chats" de Internet, están relacionadas con pornografía. (National Center for Missing and Exploited Children).

Aproximadamente, 2,856 casos de pornografía entre pedófilos y menores de 18 años, fueron reportados a las autoridades en el período de un año. (Newsweek 3/19).

Se ha estimado que 325,000 menores de 17 años, están involucrados en prostitución o pornografía de niños anualmente. (National Coalition for the Protection of Children and Families).

Aproximadamente, uno de cada cinco hombres y una de cada ocho mujeres a nivel nacional, usan pornografía por medio de computadoras en sus lugares de trabajo. (MSNBC)

Ante estas estadísticas, no podemos dejar de lado la gran responsabilidad y el reto que tenemos por delante. La iglesia tiene que volver a avivar la pasión por las almas. ¿Cuál es nuestro desafío para evangelizar?

Hoy día, apenas escuchamos de campañas evangelísticas o de reuniones para alcanzar a los perdidos. La mayor parte de las revistas cristianas, propagandas de radio y televisión están diseñadas para alcanzar al creyente y no al inconverso. Hoy día, se hacen conferencias para líderes y conciertos de música, pero muy pocos llevan el toque evangelístico. Hay iglesias donde los miembros tienen que recordarle a su pastor que haga el llamado por los perdidos, porque ni siquiera eso se hace en muchas de ellas. Y en otros ministerios, a las pocas personas que se convierten, no se les da un seguimiento para ayudarle en su crecimiento espiritual.

Tenemos por delante un gran desafío, pero también tenemos una unción de Dios que ha venido sobre nosotros para ganar a los perdidos. Hagamos un compromiso hoy, no esperemos a mañana. El Señor quiere usarnos hoy para llevar su evangelio a todo el mundo. Si no tenemos la pasión por las almas, vamos a pedírsela a Dios; que nos dé una gran carga, como nunca antes hayamos tenido. Las cifras son catastróficas, y necesitamos hacer algo, debemos cumplir con nuestra parte y Dios nos ayudará y hará el resto.

CAPÍTULO 3

¿Qué decir y qué no decir?

Una de las grandes preocupaciones de los creyentes hoy día, es que no saben lo que van a decir, cuando tienen que hablarle a las personas inconversas acerca de Jesús. Yo quiero prepararlos para que cuando ese momento venga, estén listos y sepan qué decir.

Algunas cosas que son necesarias que digamos y otras que no lo son:

- Nunca pregunte: "¿es usted cristiano?".
- Sea amable y cortés con las personas. (2 Timoteo 2.24)
- Use conversaciones normales de la vida diaria.
- No hable mucho. (Proverbios 17.28)
- No hable mal de la religión que ellos practican.
- No pierda la persona por ganar su argumento. (2 Timoteo 2.25)
- No tire perlas a los cerdos. (Mateo 7.6)
- No se desenfoque con pequeñas cosas. (2 Timoteo 2.16)
- Nunca vaya donde una persona por su apariencia. (2 Samuel 16.17)
- Asuma que ellos están listos para hacer la oración del pecador. (2 Pedro 3.9)
- No tenga miedo de un "NO".

- No tenga miedo de orar aun después de un "NO".
- No trate de forzar el fruto. (Jeremías 5.24)
- Nunca pregunte: "¿cómo se siente?". Generalmente, le van a decir que muy bien.
- No cometa el error de no darle seguimiento.
- Su actitud es muy importante. (1 Corintios 13.1-8)
- No espere que el pez venga a usted. (Marcos 16.15)
- Vaya preparado en oración y ayuno todo el tiempo. (1 Pedro 3.15)
- No espere por sentimientos.
- Vaya en fe esperando algo. (2 Corintios 5.7)

¿A dónde y a quién evangelizar?

Cada persona tiene un círculo de influencia, como su casa, su trabajo, sus vecinos, su negocio, su oficina, entre otros, en el cual se puede evangelizar. Dios lo ha puesto allí donde está, estratégicamente, para que usted sea luz. Empiece hoy a ser una buena influencia para todos los que están a su alrededor, dando buen testimonio y testificando de Dios con su boca.

¿Cómo testificaba Jesús?

"21Para esto fuisteis llamados, porque también Cristo padeció por nosotros, dejándonos ejemplo para que sigáis sus pisadas". 1 Pedro 2.21

Jesús fue el mejor maestro que nos enseñó cómo ganar almas. Él es nuestro ejemplo y tenemos que seguir sus pasos.

Tengamos en cuenta algunas características de cómo Jesús testificaba del Reino.

- Jesús amaba los pecadores.
- Jesús era tierno y amable.
- Jesús era guiado por el Espíritu Santo.
- Jesús buscaba el alma de los hombres.
- Jesús hablaba con autoridad.
- Jesús era natural y sobrenatural.
- Jesús usaba un lenguaje común.
- Jesús estaba listo todo el tiempo.
- Jesús nunca dejó un caso sin esperanza.
- Jesús tuvo compasión de las personas.

Veamos algunos ejemplos en la Escritura de cómo Jesús testificó.

❏ **Jesús y la mujer samaritana**

Jesús se acerca a la mujer samaritana en una forma natural, y una vez que empieza la conversación, entra en lo sobrenatural para ver el corazón de ella. Analicemos cómo lo hizo.

- Jesús le pide un favor. Jesús le está pidiendo algo natural al decirle: "dame de beber".

   "7Llegó una mujer de Samaria a sacar agua; y Jesús le dijo: —Dame de beber". Juan 4.7

- Jesús despierta en ella la curiosidad.

   "10Respondió Jesús y le dijo: —Si conocieras el don de Dios, y quién es el que te dice: "Dame de beber", tú le pedirías, y él te daría agua viva". Juan 4.10

   Jesús quiere llevar a la mujer a que tenga vida eterna, y no dejó que ella lo sacara del enfoque.

- Jesús le despierta el deseo de tener vida eterna.

   "14...pero el que beba del agua que yo le daré no tendrá sed jamás, sino que el agua que yo le daré será en él una fuente de agua que salte para vida eterna". Juan 4.14

- Jesús conoce, por medio del don de palabra de ciencia, la condición familiar y personal de la mujer.

   "16Jesús le dijo: —Ve, llama a tu marido, y ven acá. 17Respondió la mujer y dijo: No tengo marido. Jesús le dijo: —Bien has dicho: "No tengo marido", 18porque cinco maridos has tenido y el que ahora tienes

no es tu marido. Esto has dicho con verdad".
Juan 4.16-18

- Jesús sabe, por el don de palabra de sabiduría, que la mujer es una futura adoradora y una evangelista.

"23Pero la hora viene, y ahora es, cuando los verdaderos adoradores adorarán al Padre en espíritu y en verdad, porque también el Padre tales adoradores busca que lo adoren". Juan 4.23

- Jesús se le revela como el Mesías.

"26Jesús le dijo: —Yo soy, el que habla contigo".
Juan 4.26

Resumiendo podemos ver que, primeramente, Jesús se acercó a la mujer en forma natural, y se dio cuenta, de una forma sobrenatural, que ella tenía un vacío en el corazón, el cual estaba tratando de llenar con la compañía de maridos. Jesús también supo, de una manera sobrenatural, que la mujer era una adoradora en potencia y que, además, se convertiría en una evangelista.

¿Qué quiero decir con esto?

Un don del Espíritu Santo puede ser la llave para tocar el corazón de una persona. Oremos para que el Señor nos revele cosas personales de los inconversos y que nos dé la oportunidad de predicarles el evangelio. Hay casos en mi vida personal, donde Dios me ha dado una palabra para una persona, y cuando se la he dicho, ha comenzado a llorar. Tenemos que dejarnos guiar por el Espíritu Santo para ser efectivos al compartir el evangelio.

❏ **Jesús y Nicodemo**

Veamos cómo Jesús le testificó a Nicodemo:

- Fue directamente al grano y nunca comprometió principios.

   "3Le respondió Jesús: —De cierto, de cierto te digo que el que no nace de nuevo no puede ver el reino de Dios". Juan 3.3

- Jesús toma la iniciativa y desafía su forma de pensar.

   "5Respondió Jesús: —De cierto, de cierto te digo que el que no nace de agua y del Espíritu no puede entrar en el reino de Dios". Juan 3.5

- Jesús despierta la curiosidad en él.

   "6Lo que nace de la carne, carne es; y lo que nace del Espíritu, espíritu es". Juan 3.6

- Jesús reprende a Nicodemo.

"¹⁰Jesús le respondió: —Tú, que eres el maestro de Israel, ¿no sabes esto?" Juan 3.10

- Jesús comparte su testimonio.

"¹¹De cierto, de cierto te digo que de lo que sabemos, hablamos, y de lo que hemos visto, testificamos; pero no recibís nuestro testimonio". Juan 3.11

Nicodemo no se convirtió en un creyente inmediatamente, pero después, sí lo hizo. Esto aparece en el libro de Juan en el Capítulo 19. Lo que podemos concluir de este encuentro entre Jesús y Nicodemo, es que Jesús nunca usaba la misma táctica. En este caso, Jesús conoció de una manera sobrenatural, que Nicodemo tenía una fuerte mentalidad religiosa, sin embargo, Jesús se la desafió con palabras dadas por el Espíritu Santo.

❑ Jesús y el ciego Bartimeo

El ciego clama a gran voz para que Jesús lo oiga. Observe que estos milagros sucedían mientras Jesús predicaba por las ciudades.

"⁴⁶Entonces vinieron a Jericó; y al salir de Jericó él, sus discípulos y una gran multitud, Bartimeo, el ciego, hijo de Timeo, estaba sentado junto al camino, mendigando". Marcos 10.46, 47

Note que si el hombre estaba mendigando, significa que éste se encontraba en un lugar pobre y, por tanto, vivía entre gente pobre. Esto nos hace entender que este mendigo se encontraba en un barrio donde había muchos problemas; sin embargo, Jesús fue hasta allí.

"48Y muchos lo reprendían para que callara, pero él clamaba mucho más: ¡Hijo de David, ten misericordia de mí!". Marcos 10.48

El enemigo quiso robarle el milagro a Bartimeo, y usó a la gente para que lo reprendiera, pero este hombre siguió clamando y reclamando lo que le pertenecía como hijo del pacto.

"49Entonces Jesús, deteniéndose, mandó llamarlo; y llamaron al ciego, diciéndole: —Ten confianza; levántate, te llama". Marcos 10.49

• Jesús se detiene para hablarle a un mendigo, a un pordiosero, a un hombre sucio y sin esperanza. Esto nos muestra cómo es el corazón de Jesús. Entonces, Jesús le pregunta cuál es su problema, porque quiere oírlo del ciego directamente.

"51Jesús le preguntó: —¿Qué quieres que te haga? El ciego le dijo: Maestro, que recobre la vista". Marcos 10.51

- Jesús le da un "cheque en blanco", y el ciego lo que le pide es que le devuelva su vista.

"⁵²Jesús le dijo: —Vete, tu fe te ha salvado. Al instante, recobró la vista, y seguía a Jesús por el camino". Marcos 10.52

- Jesús sana al ciego por medio del don de sanidad.

Bartimeo se convirtió en un discípulo de Jesús. ¿Cuál fue la clave para evangelizar a Bartimeo? La sanidad de sus ojos. Ésta abrió la puerta del corazón de Bartimeo, y después de conocerle, se convirtió en su discípulo.

"⁵²...y seguía a Jesús por el camino". Marcos 10.52

En la vida de Jesús, a menudo encontramos, que los dones del Espíritu Santo eran una clave importante cuando Él testificaba del Reino, un ejemplo de esto fue la sanidad de Bartimeo; el don de sanidad fue la clave para ganarse el corazón de un hombre y llevarlo a ser su discípulo.

- **Jesús y el ciego de nacimiento.**

"¹Al pasar Jesús vio a un hombre ciego de nacimiento". Juan 9.1

Observe que dice: "Jesús vio al ciego mientras pasaba". Mientras Jesús "iba" algo sucedió. (Una vez que comprobemos que los milagros sí ocurren, entonces vamos a buscar al perdido).

"2Y le preguntaron sus discípulos, diciendo: —Rabí, ¿quién pecó, éste o sus padres, para que haya nacido ciego?". Juan 9.2

Aquí los discípulos quieren encontrar la raíz del problema al preguntarle a Jesús por qué nació ciego. Entonces, Jesús les contesta lo siguiente:

"3Respondió Jesús: —No es que pecó éste, ni sus padres, sino para que las obras de Dios se manifiesten en él". Juan 9.3

Jesús, por medio del don de palabra de ciencia, encuentra cuál es la raíz del problema.

"4Me es necesario hacer las obras del que me envió, mientras dura el día; la noche viene, cuando nadie puede trabajar. 5Mientras estoy en el mundo, luz soy del mundo". Juan 9.4, 5

Jesús habla de la prioridad, que es hacer la voluntad del Padre, y que Él no tiene tiempo que perder; y por eso, revela el propósito por el cual vino al hombre. Lo importante no era si este hombre o sus padres habían pecado, lo importante era que Dios quería manifestar su poder en él.

Jesús hace algo atrevido e inusual guiado por el Espíritu Santo: untó lodo en los ojos del ciego y fue sanado.

"⁶Dicho esto, escupió en tierra, hizo lodo con la saliva y untó con el lodo los ojos del ciego...". Juan 9.6

¿Cuál es el resultado final?

"³⁵Oyó Jesús que lo habían expulsado y, hallándolo, le dijo: —¿Crees tú en el Hijo de Dios? ³⁶Respondió él y dijo: —¿Quién es, Señor, para que crea en él? ³⁷Le dijo Jesús: —Pues lo has visto; el que habla contigo, ése es. ³⁸Y él dijo: —Creo, Señor—y lo adoró". Juan 9.35-38

Jesús, por medio del don de milagros y sanidades, sana al ciego y lo gana para su reino. Una vez más, vemos que la clave de Jesús para testificar era cambiar las circunstancias naturales en hechos sobrenaturales.

¿Cuáles son las instrucciones de Jesús para llevar a cabo el evangelio sobrenatural?

1. Orar por la paz de los inconversos.

"⁵En cualquier casa donde entréis, primeramente decid: "Paz sea a esta casa". Lucas 10.5

Orar por la paz y por los hogares de los inconversos, anulará el poder de los demonios que han sido asignados para cegar la luz del evangelio en ellos. Si los inconversos tienen paz, podrán hacer decisiones que los lleven a conocer a Jesús como su Salvador.

2. Socializar con ellos.

"⁷Quedaos en aquella misma casa, comiendo y bebiendo lo que os den, porque el obrero es digno de su salario. No os paséis de casa en casa". Lucas 10.7

Jesús habla de entrar en esa casa, comer, beber y socializar con ellos, pero no tener una comunión íntima. Esto abrirá una puerta, para que más adelante se les pueda hablar del Señor. La única razón u objetivo para socializar con ellos, es hablarles de Jesús. Una cosa es socializar y otra cosa es ser amigos íntimos. La razón por la cual uno debe socializar con las personas inconversas es poder servirlas, y de esa manera, ganar su corazón para que conozcan al Señor.

3. Proveer para sus necesidades.

"⁹...y sanad a los enfermos que en ella haya, y decidles: "Se ha acercado a vosotros el reino de Dios". Lucas 10.9

Pregúnteles si están enfermos, láveles el carro, córteles el césped; haga actos de servicio. Cuando a una persona se le ayuda en su necesidad, abre su corazón para recibir el evangelio.

4. Proclamar el evangelio.

Una vez que hemos orado por paz, hemos socializado con ellos (sin hacer lo que ellos hacen) y les hemos ayudado cuando han tenido problemas, entonces es cuando el terreno está preparado para proclamarles y hablarles del evangelio.

5. Jesús nos envía a practicar un evangelio sobrenatural.

"⁹...sanad los enfermos". Lucas 10.9

"⁷Y yendo, predicad, diciendo: "El reino de los cielos se ha acercado". ⁸Sanad enfermos, limpiad leprosos, resucitad muertos, echad fuera demonios; de gracia recibisteis, dad de gracia". Mateo 10.7, 8

Es imposible predicar un evangelio sin sanidades, sin milagros y sin echar fuera demonios. Jesús nos envía, y tenemos que hacer y practicar ese evangelio sobrenatural. No necesariamente tenemos que seguir el mismo orden todo el tiempo. Siempre debemos estar atentos para que el Espíritu Santo se mueva como Él desee.

CAPÍTULO 4

¿Cómo compartir su testimonio?

Los creyentes no se dan cuenta del gran poder que tiene el testimonio de una persona. Es un arma poderosa contra el enemigo, que si la sabemos usar correctamente, podemos ganar muchas almas para Cristo.

¿Qué es el testimonio?

Es relatar una experiencia propia de lo que Jesús hizo en nuestra vida.

Una de las cosas que produce el testimonio personal en otros, es el estímulo de la fe y la esperanza. El testimonio les da convicción de decir: "si Dios lo hizo por ellos, lo puede hacer por mí".

¿Cuáles son los pasos para compartir su testimonio?

1. **Describa brevemente su trasfondo.**

   Explique quién era usted, qué era lo que hacía, cómo se sentía y cuál era su condición. Por ejemplo: "Yo soy un contador y antes hacía muchos fraudes. Me sentía solo, fumaba marihuana y abusaba de mi familia". Ésta es una descripción breve de su trasfondo.

2. Describa los eventos que lo guiaron a la salvación.

- ¿Qué le sucedió en su vida personal que le llevó a buscar de Dios?

- ¿Cuál era su condición espiritual en ese momento?

- ¿Cómo se dio cuenta que necesitaba de Dios?

Usted puede dar un ejemplo como éste:

- "Una de las cosas que me llevó a buscar a Dios, fue que lo había tratado todo y nada me había funcionado".

- "Mi matrimonio estaba destruido y sentí la necesidad de buscar de Dios".

- "Yo me sentía solo, vacío y con necesidad de acercarme a Él".

3. Describa la experiencia de su salvación.

- ¿Cómo fue que conoció al Señor?
- ¿Dónde lo conoció?
- ¿Quién le predicó?
- ¿Qué sucedió en el preciso momento que le entregó su corazón al Señor?

Use un ejemplo como éste: "En el momento que hice la oración en el altar, sentí que algo fue quitado de mí, y vino una paz a mi corazón".

4. **Hable de las evidencias de su cambio.**

Sea específico, hable de su caminar con el Señor y de lo que Jesús significa para usted.

Usted puede usar ejemplos como éstos, dependiendo de cuál sea su verdadera experiencia:

- "Yo era una persona mentirosa, pero ahora ya no digo más mentiras".

- "Yo antes de conocer al Señor fumaba, olía cocaína, pero ahora ya no lo hago más".

- "Yo antes abusaba de mi familia, pero ahora les doy mucho amor".

- "Yo antes tenía mucha falta de perdón y amargura, pero ya perdoné a todos los que me hicieron daño".

Finalmente, diga que su caminar con Jesús ha sido maravilloso, que aún tiene sus luchas, pero que el Señor le da la fuerza y la fortaleza para seguir adelante. Diga, también, que Jesús es primero en su vida y que usted lo ama con todo su corazón, y

que eso mismo que Él hizo por usted, lo puede
hacer por todo aquel que le acepte en el corazón.

CAPÍTULO 5

La oración
es la llave
para evangelizar

La oración es la clave principal para poder evangelizar efectivamente. De nada nos sirve seguir todos los pasos anteriores si no hemos orado. Para orar efectivamente por las almas perdidas, tenemos que hacerlo como lo hizo Jesús y los apóstoles, "específicamente".

¿Por qué cosas debemos orar?

1. Orar por la paz.

"⁵En cualquier casa donde entréis, primeramente decid: 'Paz sea a esta casa'". Lucas 10.5

Jesús nos enseñó, que lo primero que tenemos que hacer cuando entramos a la casa de un inconverso, es orar por la paz de ese hogar. Para que podamos ganar a nuestros vecinos, a nuestra familia y a nuestros compañeros de trabajo para Cristo, debemos orar por la paz de Dios en ellos, en su hogar, en su familia y así, sucesivamente.

2. Orar por los obreros.

"²Y les dijo: «La mies a la verdad es mucha, pero los obreros pocos; por tanto, rogad al Señor de la mies que envíe obreros a su mies". Lucas 10.2

Una de las cosas que al reino de Dios le hace falta hoy día, son obreros. Se necesitan personas disponibles que tengan la pasión y la compasión para ir a buscar al perdido. Nuestra oración diaria debe ser que Dios envíe obreros a aquellos que están perdidos.

3. **Orar para que surjan las oportunidades de predicar el evangelio.**

"3Orad también al mismo tiempo por nosotros, para que el Señor nos abra puerta para la palabra, a fin de dar a conocer el misterio de Cristo, por el cual también estoy preso...". Colosenses 4.3

Nuestra oración diaria deber ser que Dios, sobrenaturalmente, nos abra puertas para que lleguen personas inconversas a nuestro camino, y que nos conceda citas divinas para hablarles de Jesús, ya sea en la oficina, en la iglesia, en el negocio, en la escuela, en la fábrica o en otros lugares.

4. **Orar por la salvación de los pecadores.**

"9El Señor no retarda su promesa, según algunos la tienen por tardanza, sino que es paciente para con nosotros, no queriendo que ninguno perezca, sino que todos procedan al arrepentimiento". 2 Pedro 3.9

- Cada día, debemos orar para que Dios quite la venda de los ojos de los incrédulos y así puedan conocer la verdad y ésta los haga libres.

"⁴...esto es, entre los incrédulos, a quienes el dios de este mundo les cegó el entendimiento, para que no les resplandezca la luz del evangelio de la gloria de Cristo, el cual es la imagen de Dios".
2 Corintios 4.4

- Orar para que Dios alumbre el entendimiento de los impíos. Los impíos no entienden el evangelio porque están cegados por el enemigo.

5. Orar por denuedo para hablar del evangelio.

"²⁹Y ahora, Señor, mira sus amenazas y concede a tus siervos que con toda valentía hablen tu palabra...".
Hechos 4.29

La palabra **denuedo** en el griego es *"parresia"*, que significa osadía, audacia, atrevimiento, intrepidez, valentía. Hay muchos creyentes que necesitan *"parresia"* hoy día.

Lo opuesto al denuedo es el temor. Hay personas que no se atreven a predicar el evangelio porque sienten mucho miedo de ser rechazados. Entonces, su oración debe ser dirigida a que el Señor le dé denuedo. Una de las armas que el enemigo usa para traer miedo o temor al creyente, para que no predique el evangelio, es la vergüenza. Pablo nos da un verso poderoso acerca de esto.

"16No me avergüenzo del evangelio, porque es poder de Dios para salvación de todo aquel que cree, del judío primeramente y también del griego..." Romanos 1.16

Es necesario e importante orar para recibir denuedo para predicar, de esta manera, el poder de Dios nos respaldará.

6. Orar para que la Palabra corra libremente.

"1Por lo demás, hermanos, orad por nosotros, para que la palabra del Señor corra y sea glorificada, así como lo fue entre vosotros, 2y para que seamos librados de hombres perversos y malos, pues no es de todos la fe". 2 Tesalonicenses 3.1, 2

Hoy día, el enemigo pone muchos obstáculos para que la palabra de Dios no sea predicada. Utiliza los medios masivos, tales como: la radio, la televisión, la prensa escrita, entre otros. Nuestro deber es orar para que la Palabra fluya a través de dichos medios y por todas las naciones.

CAPÍTULO 6

¿Cómo compartir el evangelio al inconverso?

Como mencionamos anteriormente, uno de los grandes problemas de los creyentes hoy día, es que no saben cómo presentar el evangelio de Jesús; no saben qué decir. Muchos están dispuestos, otros tienen una gran pasión por el perdido, pero todavía no han aprendido a ganar almas para Cristo.

Estudiemos algunos pasos que nos ayudarán a compartir el evangelio efectivamente.

1. Acérquese al inconverso.

Esto lo puede hacer de diferentes formas:

- Déle un halago o un cumplido a la persona. Por ejemplo: "qué linda está su casa", "¡qué niño tan lindo tiene!".

- Inicie una conversación amigable. Hola, ¿cómo está? ¡Qué lindo está el día hoy!

- Pregúntele el nombre, de dónde es, entre otros.

- Introdúzcase usted mismo (diga su nombre). Hola, mi nombre es Julio. ¿Cuál es su nombre?

- Rompa el hielo. Busque algo a su alrededor, algo qué decir a la persona, que le resulte agradable.

2. **Hacer preguntas condicionales.**

- ¿Ha pensado en cosas espirituales últimamente?

- ¿Si muriera ahora mismo, está seguro que iría al cielo?

- ¿Por qué Dios le dejaría entrar al cielo?

- Si yo le mostrara cómo ir al cielo, ¿le interesaría saber?

3. **Al cielo se va, no por obras.**

- Usted no puede ganárselo.

- Usted no lo puede comprar.

- ¡El cielo es gratis!

- ¿Buenas noticias, verdad?

4. **Todos los hombres son pecadores.**

"23...por cuanto todos pecaron y están destituidos de la gloria de Dios...". Romanos 3.23

- ¿Alguna vez ha mentido?

- ¿Alguna vez ha tenido malos pensamientos contra alguien?

- ¿Ha deseado la mujer o el hombre de su vecino?

- ¿Ha robado alguna vez en su vida?

- ¿Ha tenido amargura contra alguien?

- ¿Ha honrado a su padre y su madre toda la vida?

- ¿Ha tenido envidia de alguien?

- ¿Ha codiciado algo de alguien alguna vez?

- He pecado contra Dios, y usted ¿lo ha hecho?

5. La paga del pecado es muerte.

"23...porque la paga del pecado es muerte, pero la dádiva de Dios es vida eterna en Cristo Jesús, Señor nuestro". Romanos 6.23

- Nuestro pecado nos lleva a la muerte espiritual que es el infierno. Hay dos lugares donde el hombre va cuando muere, el cielo o el infierno eterno. El infierno es un lugar de tormento donde van aquellos que no creen en Jesús.

- Nuestro pecado nos lleva a la enfermedad, a la depresión y a otros padecimientos.

- Nuestro pecado nos lleva a la amargura y al odio.

- Nuestro pecado nos lleva a la destrucción familiar.

6. Jesús pagó por nuestros pecados.

"8Pero Dios muestra su amor para con nosotros, en que siendo aún pecadores, Cristo murió por nosotros". *Romanos 5.8*

- ¿Quién es Jesús? Es el hijo de Dios, el cual se hizo hombre.

- ¿Qué hizo Jesús por nuestros pecados? Jesús padeció, fue crucificado y resucitó al tercer día para redimirnos de nuestros pecados.

7. ¿Cómo se recibe el perdón de los pecados?

- Mediante el arrepentimiento.

"15Decía: El tiempo se ha cumplido y el reino de Dios se ha acercado. ¡Arrepentíos y creed en el evangelio!". Marcos 1.15

- Al creer en el evangelio y en Jesús.

"16De tal manera amó Dios al mundo, que ha dado a su Hijo unigénito, para que todo aquel que en él cree no se pierda, sino que tenga vida eterna". Juan 3.16

Si usted se arrepiente de todos sus pecados, y cree en su corazón que Jesús padeció, murió y resucito por sus pecados, entonces será salvo.

8. Hacer la oración del pecador.

Ahora mismo, donde usted está puede recibir el regalo de la vida eterna por medio de Jesucristo. Por favor, acompáñeme en esta oración. Repita en voz alta.

"Padre Celestial: Yo reconozco que soy un pecador, y que mi pecado me separa de ti. Me arrepiento de todos mis pecados, y voluntaria-mente, confieso a Jesús como mi Señor y Salvador, y creo que Él murió por mis pecados. Yo creo, con todo mi corazón, que Dios el Padre lo resucitó de los muertos. Jesús, te pido que entres a mi corazón y cambies mi vida. Renuncio a todo pacto con el enemigo; y a partir de hoy, si yo muero, al abrir mis ojos, estaré en tus brazos. ¡Amén!

Si esta oración expresa el deseo sincero de su corazón, observe lo que Jesús dice acerca de la decisión que acaba de tomar:

"⁹Si confiesas con tu boca que Jesús es el Señor y crees en tu corazón que Dios lo levantó de entre los muertos, serás salvo, ¹⁰porque con el corazón se cree para justicia, pero con la boca se confiesa para salvación".
Romanos 10.9, 10

"⁴⁷De cierto, de cierto os digo: El que cree en mí tiene vida eterna". Juan 6.47

9. Instrucciones específicas

Finalmente, déle al nuevo creyente algunas indicaciones que le ayudarán a crecer y madurar espiritualmente, tales como:

- Asista a una iglesia cristiana.

- Lea la Biblia diariamente.

- Ore a Dios todos los días. ¿Cómo orar? Usted va a orar al Padre en el nombre de Jesús, y entonces, le pide todo lo que desea en su corazón.

- Resumiendo, podemos decir que para presentar el plan de salvación al inconverso, lo podemos hacer de la siguiente manera:

- El cielo es gratis.

- Usted es un pecador.

- La paga de su pecado es muerte.

- Reciba el perdón de pecados por medio del arrepentimiento y de creer en Jesús.

- Hacer la oración del pecador.

Esta presentación es muy simple y sencilla, y sobre todo bíblica, ya que el Espíritu Santo solamente respaldará su Palabra y no patrones establecidos por hombres.

CAPÍTULO 7

La importancia de ser enviados

"15¿Y cómo predicarán si no son enviados? Como está escrito: ¡Cuán hermosos son los pies de los que anuncian la paz, de los que anuncian buenas nuevas!". Romanos 10.15

En este verso, el apóstol Pablo recalca la importancia de ser enviados. Una vez que estemos listos, seremos enviados por nuestra cobertura espiritual.

• Jesús los envió de dos en dos.

"1Después de estas cosas, el Señor designó también a otros setenta, a quienes envió de dos en dos delante de él a toda ciudad y lugar adonde él había de ir". Lucas 10.1

• Jesús fue enviado por el Padre.

"21Entonces Jesús les dijo otra vez: ¡Paz a vosotros! Como me envió el Padre, así también yo os envío". Juan 20.21

La palabra **enviado** es una palabra apostólica, que significa ser comisionado para una labor específica. Cuando una persona es enviada por la cobertura, la unción de ésta la respalda. Por lo tanto, antes de ir a evangelizar, nuestra cobertura espiritual o nuestro pastor tiene que orar por nosotros y enviarnos.

¿Por qué es importante ser enviado?

Porque la misma unción que está sobre el que nos envía, estará sobre nosotros.

En el momento que seamos enviados, Dios derramará su unción sobre nuestra vida, para poder realizar efectivamente la labor para la cual hemos sido llamados.

CAPÍTULO 8

¿Cómo andar en lo sobrenatural?

En este capítulo, aprenderemos cómo movernos en lo sobrenatural. Además, estudiaremos algunas razones por las cuales hay muchos creyentes que no se mueven en lo sobrenatural. Cuando hablamos de lo sobrenatural, nos estamos refiriendo a todo lo que es profético.

¿Qué es lo profético?

Es expresar la mente y el corazón de Dios en una dimensión sobrenatural. Lo profético no es simplemente pararse en la iglesia y decir: "así dice el Señor", y traer una palabra profética a una persona. Eso es una parte, pero no lo es todo. Moverse en lo profético tiene que ver con expresar y demostrar lo que hay en la mente y en el corazón de Dios. Además, abarca el exponer a los sentidos todo lo sobrenatural de Dios y traerlo a una dimensión física y tangible. El apóstol Pablo fue a los corintios en el mover profético, demostrando todo lo sobrenatural de la mente y del corazón de Dios.

"4y ni mi palabra ni mi predicación fueron con palabras persuasivas de humana sabiduría, sino con demostración del Espíritu y de poder, 5para que vuestra fe no esté fundada en la sabiduría de los hombres, sino en el poder de Dios". 1 Corintios 2.4, 5

En estos versículos, el apóstol vuelve a explicar la razón por la cual la Palabra y la predicación no fueron palabras persuasivas de humana sabiduría, sino con demostración del Espíritu Santo y de poder.

"5...para que vuestra fe no esté fundada en la sabiduría de los hombres, sino en el poder de Dios". 1 Corintios 2.5

¿Qué incluye lo profético o lo sobrenatural?

- Profetizar
- Sanidades
- Echar fuera demonios
- Predicar el evangelio
- Oír la voz de Dios
- Oír, sentir y ver todo lo de Dios
- Moverse en los dones del Espíritu Santo
- Prodigios
- Señales
- Maravillas

Desafortunadamente, muy pocos ministros y creyentes se mueven en lo sobrenatural. Por esta razón, vemos una iglesia fundada en la sabiduría humana. Le hablamos a las personas de sanidades, pero nadie se sana, le hablamos de profecía y mandan a callar a esos hombres y mujeres de Dios que se levantan a profetizar en la iglesia. No han querido adoptar el mover de lo sobrenatural en sus iglesias, y esto impide que se revele lo profético, lo sobrenatural de Dios. Necesitamos las manifestaciones del poder del Espíritu Santo para persuadir las mentes y las emociones del pueblo, para que éstas sean fundadas en el poder de Dios. Hemos cambiado lo sobrenatural por el razonamiento, por el intelecto y por el programa del hombre.

¿Por qué los creyentes no se mueven en lo sobrenatural?

Estudiemos algunos obstáculos que le impiden a los creyentes moverse en lo sobrenatural.

1. La falta de conocimiento

"1 No quiero, hermanos, que ignoréis acerca de los dones espirituales". 1 Corintios 12.1

La palabra **ignorante** significa falto de un conocimiento funcional. A lo mejor, el conocimiento que tienen no se puede aplicar a la vida diaria. Otros desean y anhelan entrar en una dimensión sobrenatural y no tienen ningún conocimiento bíblico de cómo hacerlo. La falta de conocimiento destruye al pueblo de Dios.

2. La incredulidad

"18¿Y a quiénes juró que no entrarían en su reposo, sino a aquellos que desobedecieron? 19Y vemos que no pudieron entrar a causa de su incredulidad". Hebreos 3.18, 19

La palabra de Dios enseña que estas señales seguirán a los que creen. ¿Cuáles señales? Sanar a los enfermos, echar fuera demonios, profetizar, hablar nuevas lenguas y hacer milagros. Ahora, es importante enfatizar cuando dice: "estas señales siguen a los que creen"; o sea que, a los que son incrédulos, estas señales no les siguen. Si usted piensa que las sanidades no son para hoy, entonces, nada va a ocurrir.

En el mundo, hay mucha hambre por conocer lo sobrenatural. Por esta razón, hay personas que van detrás de los brujos, hechiceros, santeros y adivinos, buscando que se les diga algo sobre su vida personal. ¿Por qué razón las personas in-conversas buscan conocer lo sobrenatural en el ocultismo y no en la iglesia? Porque la iglesia no cree, y por consiguiente, no puede demostrar lo sobrenatural de Dios.

¿Qué debemos hacer?

Creer que Dios desea y quiere expresar lo sobrenatural por medio de su iglesia. Él desea demostrar las profecías, las sanidades, los mila-gros y que se echen fuera los demonios. Dios quiere demostrarlo, pero sólo puede hacerlo por medio de usted y de mí.

3. Temor a cometer errores

"⁶Por eso te aconsejo que avives el fuego del don de Dios que está en ti por la imposición de mis manos, ⁷porque no nos ha dado Dios espíritu de cobardía, sino de poder, de amor y de dominio propio". 2 Timoteo 1.6, 7

Para moverse en lo sobrenatural, siempre se de-manda un cierto nivel de fe. Hay muchas personas que tienen miedo de cometer un error, de equivocarse. Viven preocupadas por su imagen y por lo que las personas piensen de ellas. Por esta razón, no se atreven a moverse en lo sobrenatural.

Una de las ataduras que el enemigo ha traído al creyente, es hacerle creer que tiene que hacer todo bien y que no puede cometer errores. Eso mismo es lo que nos impide profetizar, orar por los enfermos y echar fuera demonios. Creemos que tenemos que hacerlo todo perfecto. Pues, quiero decirle que la única manera de moverse en lo sobrenatural, es cometiendo errores. En algún momento, nos vamos a equivocar, y tenemos que aprender a movernos por fe. Cada vez que Dios le diga algo y le dé temor de hacerlo, reprenda todo espíritu de temor y empiece a moverse por fe.

4. El creerse indigno

Cada uno de nosotros cree que Dios puede usar a cualquiera, menos a nosotros. Nos creemos indignos, que no valemos nada, que somos pecadores y que el Señor no nos puede usar.

Recuerde que la razón por la cual Dios nos usa, no es por nuestra habilidad ni por los títulos o por los diplomas que tengamos; no es por el trasfondo familiar, por la inteligencia que tengamos o por nuestro carisma, sino porque a Él le place. Ninguna de estas cosas es válida delante de Dios, porque todo es por su gracia y su favor sobre nosotros. Él es quien nos ha hecho dignos.

Dios quiere usarlo, ¡atrévase a creerlo! En estos últimos tiempos, Él está levantando un ejército de hombres y mujeres que anden en el poder del Espíritu Santo, en lo sobrenatural. Este ejército tiene que creer, y no debe tener miedo a equivocarse. Debe sentirse digno porque Cristo nos ha hecho dignos, y debe atreverse a caminar en lo sobrenatural.

5. La influencia del Espíritu de Grecia

Este espíritu es el enemigo número uno de lo sobrenatural; y su influencia en la iglesia de Cristo ha paralizado lo profético y todo aquello que es sobrenatural. Estudiemos un poco más acerca de este espíritu.

"20Él me dijo: "¿Sabes por qué he venido a ti? Ahora tengo que volver para pelear contra el príncipe de Persia; al terminar con él, el príncipe de Grecia vendrá. 21Pero yo te declararé lo que está escrito en el libro de la verdad: nadie me ayuda contra ellos, sino Miguel vuestro príncipe". Daniel 10.20, 21

"12Volveos a la fortaleza, prisioneros de la esperanza; hoy también os anuncio que os dará doble recompensa. 13Porque he tensado para mí a Judá como un arco, e hice a Efraín su flecha. Lanzaré a tus hijos, Sión, contra tus hijos, Grecia, y te haré como espada de valiente". Zacarías 9.12, 13

El espíritu de Grecia

Con la muerte de los apóstoles, en el año 100, el espíritu de Grecia comenzó a infiltrarse. El mundo griego, en el cual los primeros apóstoles ministraron, estuvo lleno de tales filosofías. Los griegos fueron amantes de la sabiduría, y por eso, buscaron el conocimiento, al punto de desarrollar una mente idólatra; en otras palabras, ellos adoraban el conocimiento. La palabra **filosofía** salió de Grecia y significa el amor al conocimiento.

Los griegos fueron los guardianes de Aristóteles, Platón e innumerables filósofos. Ellos tenían fuertes disputas tratando de defender sus puntos de vista, pues amaban el debate y el razonamiento. Fue en esta clase de mundo donde nació la iglesia, pero por medio de la gracia y la unción apostólica se le dio la capacidad de vencer esta mentalidad.

El espíritu de Grecia funciona como una estructura rígida, basada en el razonamiento y el pensamiento humano, que tiene como objetivo que el individuo llegue a ser un ¡súper hombre! o ¡súper Dios!

Este espíritu se manifiesta en forma de pensamiento, el cual limita al creyente para que éste no entre en el Reino de Dios ni en sus dimensiones sobrenaturales. Para el tiempo de los apóstoles, el mundo estaba controlado políticamente por los romanos, pero influenciado culturalmente por los griegos, los cuales fueron una de las mayores fortalezas de oposición. Los espíritus de intelectualismo y racionalismo impidieron que muchos pudieran creer que Cristo había resucitado.

Las universidades de la época estaban llenas de este espíritu. Sin embargo, los espíritus de intelectualismo, racionalismo, orgullo, debate y mente idólatra son también, espíritus gobernantes aún hoy día en muchos sistemas de educación. Los primeros apóstoles tuvieron que confrontar a estos espíritus, y nosotros no seremos la excepción; igualmente los cristianos de hoy debemos confrontar la misma oposición.

Las diosas Atenea, Sophía y Diana forman la estructura principal que sostiene este edificio.

Atenea: Es la diosa griega que odia todo lo apostólico, profético y sobrenatural. Simboliza para los griegos la razón y la sabiduría.

Sophía: Es la diosa de la sabiduría y del amor al conocimiento sobre todas las cosas.

Diana: Es la diosa religiosa conocida como la reina del cielo. Leamos lo que dice Dios en Su Palabra:

"[5]...derribando argumentos y toda altivez que se levanta contra el conocimiento de Dios, y llevando cautivo todo pensamiento a la obediencia a Cristo...".
2 Corintios 5.10

Una de las traducciones dice: "Nosotros derribamos sofismos y toda cabeza orgullosa que se levante contra el conocimiento de Dios". Los sofistas fueron filósofos griegos que se especializaban en la retórica y en la argumentación dialéctica. Ellos eran maestros, filósofos y profesionales que elaboraban argumentos complicados. El sofismo es un engaño del mismo diablo. Los judíos buscaban señales mientras que los griegos buscaban sabiduría.

"22Los judíos piden señales y los griegos buscan sabiduría...". 1 Corintios 1.22

Los griegos inundaron con esta filosofía todo el mundo occidental, incluyendo Estados Unidos de América y Europa. La finalidad de este espíritu ha sido gobernar todo el mundo.

¿Cuáles son algunas características de la cultura griega o del espíritu de Grecia?

- **El humanismo.** Esta filosofía comenzó con Heráclito, al destronar a Dios del centro de atención, para poner en su lugar al hombre, como si fuera un dios. Un ejemplo de esto lo es el movimiento de la Nueva Era, el cual enseña que el hombre es Dios y que no necesita de un ser supremo para su existencia.

- **El intelectualismo.** Esta corriente de pensamiento, promueve la idea de que es más importante alcanzar títulos, reconocimiento humano y riquezas, por encima de Dios y de cualquier otra cosa. La razón, según el pensamiento griego, es la que rige el universo. La meta es desarrollar al hombre intelectualmente y, de esa manera, llevarlo a ser un dios en sí mismo. El intelectualismo se rige por el pensamiento de las culturas occidentales, Rusia, Europa y otros países.

¿En qué consiste el intelectualismo?

> **Niega todo aquello que no se puede explicar, desestimando y aboliendo claramente el concepto de "vivir por fe", pues éste no puede ser explicado por el método científico.** Esta negación es una de las razones por las cuales la iglesia ha perdido su poder, porque cree más en lo que se puede ver a simple vista que en lo que no se puede ver, y la palabra de Dios nos manda a vivir por fe y no por vista.

"⁴Aquel cuya alma no es recta se enorgullece; mas el justo por su fe vivirá". Habacuc 2.4

"⁷(porque por fe andamos, no por vista)". 2 Corintios 5.7

> **Niega la existencia de los demonios, impidiendo así la liberación en los creyentes.** Lamentablemente, encontramos a muchos creyentes en las iglesias que están atados por el enemigo, porque el pastor no cree en la liberación ni en los demonios. Una de las grandes mentiras del diablo, con la cual engaña a la humanidad, es aquella acerca de que los demonios no existen, y la iglesia ha caído en la trampa y lo ha creído. Veamos cómo Jesús trató con los demonios.

"22Entonces una mujer cananea que había salido de aquella región comenzó a gritar y a decirle: —¡Señor, Hijo de David, ten misericordia de mí! Mi hija es gravemente atormentada por un demonio. 23Pero Jesús no le respondió palabra. Entonces, acercándose sus discípulos, le rogaron diciendo: —Despídela, pues viene gritando detrás de nosotros. 24Él, respondiendo, dijo: —No soy enviado sino a las ovejas perdidas de la casa de Israel. 25Entonces ella vino y se postró ante él, diciendo: —¡Señor, socórreme! 26Respondiendo él, dijo: —No está bien tomar el pan de los hijos y echarlo a los perros. 27Ella dijo: —Sí, Señor; pero aun los perros comen de las migajas que caen de la mesa de sus amos. 28Entonces, respondiendo Jesús, dijo: —¡Mujer, grande es tu fe! Hágase contigo como quieres. Y su hija fue sanada desde aquella hora". Mateo 15.22-28

> **Resiste lo sobrenatural.** Una de las razones por las cuales muchos ministros y creyentes no se mueven en lo sobrenatural, es por la influencia del espíritu de Grecia.

> **Niega la sanidad divina.** El pueblo de la Biblia (Judío) fue adiestrado para ver a Dios hacer cosas extraordinarias y sobrenaturales. Nuestro Dios, Jehová de los Ejércitos, es un Dios sobrenatural y poderoso que hace milagros, sanidades, prodigios, echa fuera demonios y profetiza; su esencia es sobrenatural. Nosotros, como su pueblo, tenemos que movernos en esa dimensión, pero la influencia del espíritu de Grecia ha sido tan grande, que ha creado fortalezas en las mentes de las personas, impidiendo que en las iglesias, éstas sean salvas, sanas y libres; más bien, prefieren razonarlo todo y si no lo entienden, no lo creen. Si de verdad queremos ver lo sobrenatural de Dios, renunciemos al espíritu de Grecia.

> **Descarta los dones del Espíritu Santo.** Muy rara vez, vemos a los creyentes fluir en los dones el Espíritu Santo; hablan de ellos, pero ellos mismos no lo creen.

> **Humaniza la Palabra de Dios.** El espíritu de Grecia dice, que la palabra de Dios es como la palabra de un hombre cualquiera.

La mentalidad hebrea, es que Dios es sobrenatural, que Dios es Dios y no un hombre para ser explicado. Ésa fue la mentalidad que Jesús trajo. Jesús vino y demostró lo sobrenatural de Dios.

¿Cómo somos libres del espíritu de Grecia?

- Renunciando a toda fortaleza de ese espíritu.

- Haciendo guerra en contra de este espíritu con el poder de Dios.

> *"¹²Volveos a la fortaleza, prisioneros de la esperanza; hoy también os anuncio que os dará doble recompensa. ¹³Porque he tensado para mí a Judá como un arco, e hice a Efraín su flecha. Lanzaré a tus hijos, Sión, contra tus hijos, Grecia, y te haré como espada de valiente". Zacarías 9.12, 13*

La demostración de echar fuera demonios y fluir en los dones del Espíritu Santo, son el antídoto contra el espíritu de Grecia, que niega lo sobrenatural. Sabemos que tenemos un Dios maravilloso y poderoso que sigue haciendo maravillas. Una de las herramientas que está siendo de gran utilidad para derivar toda fortaleza de pensaiento, es la unción apostólica; veamos un poco más acerca de ella.

La unción apostólica. Una de las manifestaciones de la unción apostólica, es la demostración de lo sobrenatural.

¿Cuáles son las características de la unción apostólica?

- Es una unción que trae liberación y sanidad interior.
- La acompañan señales, sanidades y milagros.
- Es una unción que abre nuevos territorios.
- Es una unción que trae nuevas revelaciones.
- Es una unción poderosa para alcanzar las almas.
- Es una unción que sana al quebrantado de corazón.
- Es una unción que levanta líderes.
- Es una unción profética.

Dondequiera que va un apóstol genuino, tienen que ocurrir milagros, sanidades, maravillas y prodigios. Debemos pelear contra el espíritu de Grecia, demostrando lo sobrenatural de Dios.

"¹Así que, hermanos, cuando fui a vosotros para anunciaros el testimonio de Dios, no fui con excelencia de palabras o de sabiduría, ²pues me propuse no saber entre vosotros cosa alguna sino a Jesucristo, y a este crucificado. ³Y estuve entre vosotros con debilidad, y mucho temor y temblor; ⁴y ni mi palabra ni mi predicación fueron con palabras persuasivas de humana sabiduría, sino con demostración del Espíritu y de poder, ⁵para que vuestra fe no esté fundada en la sabiduría de los hombres, sino en el poder de Dios".
1 Corintios 2.1-5

¿Cómo andar en lo sobrenatural?

Anteriormente, estudiamos algunos obstáculos por los cuales muchos creyentes no pueden caminar en lo sobrenatural; y para completar este tema, les presento ahora cinco claves esenciales que nos permitirán movernos en lo sobrenatural, aquí en la tierra. Estas cinco claves las he aprendido a través de los años, y son las que me han enseñado a conocer la forma en que Dios se mueve sobrenaturalmente a través de su pueblo.

1. **Aprender a ceder el paso al fluir del Espíritu Santo.**

"¹⁷El Señor es el Espíritu; y donde está el Espíritu del Señor, allí hay libertad". 2 Corintios 3.17

Algunas veces, al leer este verso, solo pensamos o entendemos que se refiere a tener libertad de alabar, danzar, gritar y hacer en un servicio todo lo que sentimos hacer. Yo creo que eso sí es parte de tener libertad en el Espíritu Santo, pero el significado verdadero del verso anterior es: que donde el Espíritu Santo es Señor y tiene la libertad de moverse como Él quiere, allí hay libertad.

¿Qué es lo que se quiere decir con esto?

El Espíritu Santo tiene que ser el Señor de nuestra vida personal, y también, el Señor de todo aquello que está bajo nuestra responsabilidad.

La palabra **señor** en el idioma griego es *"kurios"*, que significa uno que tiene el derecho legal sobre alguien; uno que hace lo que quiere, como quiere, cuando quiere, con quien quiere y donde quiere; además, es uno que tiene control absoluto sobre alguien. En otras palabras, si anhelamos movernos en milagros, sanidades, profecías, liberación y prodigios, debemos aprender los siguientes aspectos:

- Ceder toda nuestra voluntad y nuestro cuerpo al Espíritu Santo.

  Antes de orar por alguien, antes de predicar, enseñar o evangelizar, debemos ceder nuestra voluntad al Señor y orar para que Él haga su voluntad por medio de nosotros; por ejemplo: cuándo quiere que hablemos, cómo quiere que enseñemos, a quién quiere que le ministremos o le oremos y dónde quiere que lo hagamos; debemos seguir exactamente sus instrucciones. El éxito de un servicio, una reunión, una cruzada o una conferencia, está en ceder la dirección de todo lo que hagamos a la sabiduría del Espíritu Santo.

- Pedir instrucciones al Espíritu Santo antes de ir.

  Una de las cosas que siempre le pido al Señor en oración, antes de ir a una cruzada de milagros, servicio o conferencia, es que me dé instrucciones exactas para esa reunión. Ore al Señor, para que se cumpla exactamente su propósito y su plan en ese momento y para ese pueblo.

Recuerde que debemos tener una sola cosa en mente, y es agradar a Dios y no a los hombres. Dios estará agradado cuando hagamos lo que Él desea.

- Niegue su voluntad y quítese del camino.

Ceda el paso al Espíritu Santo. Algunas veces, dudamos de las instrucciones dadas por el Espíritu Santo y queremos hacer nuestra voluntad, pero ése es el momento de crucificar nuestros deseos para hacer lo que Dios quiere. En ocasiones, por las presiones de los demás, cambiamos los planes de Dios por nuestros propios planes, y si hacemos eso, estaremos agradando a los hombres y no a Dios.

"10 ¿Acaso busco ahora la aprobación de los hombres o la de Dios? ¿O trato de agradar a los hombres? Si todavía agradara a los hombres, no sería siervo de Cristo". Gálatas 1.10

Testimonio de México

Recuerdo una vez que fui a predicar a México. Había una conferencia muy grande, donde había muchos conferencistas de renombre. Ellos estuvieron predicando por dos días consecutivos, y al tercer día, me tocaba el turno a mí. Por un momento, me sentí tentado a competir, y en mi mente, vinieron ciertos pensamientos como éste: "yo tengo que traer un mensaje con una gran revelación, mayor que la de ellos, un mensaje de mayor impacto". Cuando ese pensamiento vino, yo lo reprendí y lo eché fuera. De repente, el Señor me trajo gran convicción de pecado, en la que me hacía saber que estaba compitiendo y que no le había preguntado lo que Él quería hacer. Así que me fui para el hotel, le pedí perdón a Dios y, además, le pedí instrucciones de lo que Él deseaba que hiciese en el servicio. Él me habló diciendo: "predica lo que tú sabes y has vivido; háblales de liberación y sanidad interior".

Cuando terminé de predicar, Dios derramó su poder de una manera maravillosa. Las personas recibieron liberación de falta de perdón, amargura y rechazo, y en general, muchas personas fueron sanadas. ¡Fue un servicio grandioso, pues Dios lo hizo todo! Me sentí satisfecho porque pude ceder mi voluntad al fluir del Espíritu Santo, y Dios cumplió su plan. Creo que esta es la clave más importante para moverse en lo sobrenatural. Es necesario dejar que el Espíritu Santo sea el Señor de nuestras vidas y que Él nos guíe en todo.

2. El caminar en compasión por el pueblo.

"14Al salir Jesús, vio una gran multitud, tuvo compasión de ellos y sanó a los que de ellos estaban enfermos". *Mateo 14.14*

La palabra compasión en el griego es *splagcnizomai"*, que significa ser movido en compasión. Este vocablo se usaba para describir la compasión de Jesús hacia las personas. Hay otro vocablo que es *"oiktiro"*, que significa compadecerse, tener compasión, un sentimiento de angustia debido al mal o desgracia de otro. El tener compasión por las personas, es un sentir indispensable para poder andar en lo sobrenatural. Como acabamos de mencionar anteriormente, compasión significa ser conmovido en lo más profundo de nuestro ser, a tal grado que sentimos el dolor y la angustia de las personas. Dios nos dio su poder y su unción, no para bendecirnos a nosotros mismos, sino para bendecir al pueblo; pero esa unción no puede manifestarse sin antes sentir compasión por el dolor de otro.

La compasión es la clave para dejar que el corazón de Dios se manifieste por medio de nosotros, y de esta manera, poder manifestar su poder. Tener poder sin compasión de nada sirve.

Una recomendación muy importante que usted puede seguir:

- Siempre ore para que Dios le dé compasión por las personas. Antes de ministrar a una persona o ministrar en cualquier lugar, debemos orar en nuestro hogar para que Dios nos llene de su compasión hacia su pueblo, y que cuando ministremos al quebrantado, al enfermo, al oprimido, al incrédulo y al perdido, el Señor nos haga sentir su mismo dolor.

3. Moverse en fe.

"6Pero sin fe es imposible agradar a Dios, porque es necesario que el que se acerca a Dios crea que él existe y que recompensa a los que lo buscan". Hebreos 11.6

La mayoría de las veces que nos movamos en lo sobrenatural, vamos a necesitar un cierto nivel de fe para actuar en lo que Dios nos pide que hagamos. Dios trata con cada uno de nosotros, según el nivel de fe en que estemos. Algunas veces, seremos retados por Dios a saltar a otros niveles, y cuando esto ocurra, tenemos que estar dispuestos.

Testimonio de una cruzada en Miami

La última cruzada de milagros que tuvimos en el Hotel Radisson en Miami, Dios me pidió que hiciera algo que no era muy común hacer en los servicios. El Señor me dio instrucciones de que comenzara el servicio orando por los enfermos, y que primero orara por los milagros creativos; por ejemplo: personas que les hiciera falta un órgano, una mano, un hueso, etcétera.

Siempre que voy a predicar en un servicio, Dios me da instrucciones. Algunas veces, me deja saber la enfermedad por la cual debo orar primero, cuándo y cómo debo hacerlo. Esta vez, el Señor me pidió que hiciera algo que nunca había hecho, y era orar por los milagros creativos desde el principio. Pero como les había mencionado, la clave número uno para caminar en lo sobrenatural, es ser guiado por el Espíritu Santo; así que, le hice caso y me lancé en fe, y aunque requería un mayor nivel de fe de mi parte, obedecí. Cuando decidí creerle a Dios, Él me ayudó y, finalmente, los resultados fueron maravillosos.

A un niño que había perdido su ojo completamente, Dios le concedió el milagro de poder ver otra vez. Los médicos ya le habían dicho que tenían que removerle el ojo porque de lo contrario le iba a dañar el otro, pero Dios lo sanó. Otros milagros que Dios hizo fueron, sanar a una mujer en silla de ruedas, quien pudo levantarse de ella, y a una hermana, le puso un hueso nuevo, el cual había perdido por causa de una enfermedad llamada osteoporosis. Así mismo, le puedo contar un sinnúmero de casos de personas que fueron sanas de: asma, artritis, diabetes, alta presión, entre otras enfermedades.

Todo comenzó en mi cuarto donde Dios me dio las instrucciones de lo que tenía que hacer. Así que, le cedí el paso al Espíritu Santo, tuve compasión de las personas y decidí moverme en fe. A pesar de que no era común lo que el Señor me pedía, pues requería un nivel de fe mayor, decidí obedecerle, y Dios se encargó del resto. Su nombre fue glorificado, y yo solamente fui un vaso disponible y obediente para Él. ¡A Él sea toda la gloria!

4. Tener una vida de oración y ayuno continua y dinámica.

"¹También les refirió Jesús una parábola sobre la necesidad de orar siempre y no desmayar...". Lucas 18.1

Tener una vida de oración constante y ayunar a menudo, es un requisito indispensable para moverse en lo sobrenatural. Jesús les habló a los discípulos acerca de la necesidad de orar siempre. La oración nos enseña a depender de Dios y a tener comunión íntima con Él, y esto nos lleva a identificar su voz para obedecerle.

La oración no solamente debe ser constante, sino también dinámica; es un diálogo con Dios, y podemos orar de diferentes formas. Recordemos que la oración no es un monólogo, es un diálogo.

Estar horas con Dios hace los minutos más efectivos con el hombre.

Lo que quiero decir es, que si estamos durante largos períodos de tiempo en la presencia de Dios, cuando oremos por un enfermo, a Dios le tomará un minuto sanarlo, porque estamos llenos del poder que recibimos de Él en oración. Jesús oraba cinco horas al Padre, y cuando regresaba de estar en su presencia lleno de su poder, le tomaba sólo 30 segundos sanar a un leproso o a cualquier otro enfermo. Hoy día, estamos varias horas aconsejando y liberando a una persona, y sin embargo, sólo oramos o adoramos a Dios por muy poco tiempo. Por eso, cuando queremos liberar a una persona, no lo podemos hacer porque no tenemos el poder necesario para ser efectivos en la liberación. La oración y el ayuno son un requisito imprescindible para fluir en lo sobrenatural. Procure vivir una vida de oración y ayuno, y esté listo para ser un vaso disponible para Dios.

5. **El denuedo o el atrevimiento.**

"30...mientras extiendes tu mano para que se hagan sanidades, señales y prodigios mediante el nombre de tu santo Hijo Jesús". Hechos 4.30

Recordemos que la palabra **denuedo** significa osadía, audacia, valentía, coraje, bravura, atrevimiento e intrepidez.

De lo anterior, se deduce que las características más sobresalientes de una persona que desea moverse en lo sobrenatural, son: osadía, valentía, audacia, intrepidez y que no le importa lo que la gente piensa, porque todo lo que desea es agradar a Dios. Lo opuesto de ser valiente o atrevido es ser temeroso o miedoso. Si usted quiere hacer cosas de Dios que otros no han hecho, tiene que ser atrevido para hacer lo que Dios le pide que haga.

¿Cuáles son algunos temores que enfrentamos para movernos en lo sobrenatural y cómo vencerlos?

- **Temor a equivocarnos.**

  La única manera de aprender cualquier cosa en nuestra vida, es cometiendo errores. No importa cuánta experiencia logremos adquirir, siempre cometeremos errores, pero debemos estar dispuestos a seguir hacia adelante.

- **Temor a perder nuestra reputación.**

  Muchas veces, sentimos temor de perder nuestra reputación y nuestra imagen al cometer un error, porque pensamos que los demás nos van a criticar, a rechazar y no querrán confiar en nosotros. La solución a este temor es aprender a crucificar y a morir a nuestra imagen para que la imagen de Jesús sea exaltada en nosotros.

"⁵Haya, pues, en vosotros este sentir que hubo también en Cristo Jesús: ⁶Él, siendo en forma de Dios, no estimó el ser igual a Dios como cosa a que aferrarse, ⁷sino que se despojó a sí mismo, tomó la forma de siervo y se hizo semejante a los hombres".
Filipenses 2.5-7

El Señor perdió su reputación por nosotros, entonces, ¿por qué nos preocupa tanto perder nuestra imagen? No nos debe importar lo que la gente diga o piense. Mayor debe ser el deseo de ver a Cristo exaltado en nosotros, que vernos con una buena reputación.

- **Temor a lo desconocido.**

Al ser humano, normalmente, le gusta caminar en tierra firme, y cada vez que enfrenta algo desconocido, le da temor. La vida cristiana es un camino en el que, constantemente, estamos enfrentando desafíos, retos y cosas nuevas, que son desconocidas para nosotros. Por lo tanto, debemos aprender a caminar por fe y no por vista. ¿Cuál es la solución?

Pidamos a Dios denuedo.

El **denuedo** es una virtud que viene al cre-yente como resultado de su relación íntima con Dios.

Cuando no llevamos una vida de oración con Dios, le damos lugar al temor, y por eso, somos derrotados. Por otro lado, el denuedo o la osadía, viene a un creyente cuando su vida está continuamente llena del poder del Espíritu Santo.

Dios nos dio un espíritu de poder, amor y de dominio propio.

"⁷Porque no nos ha dado Dios espíritu de cobardía, sino de poder, de amor y de dominio propio". 2 Timoteo 1.7

Cada vez que nos movamos con amor, con denuedo, con dominio propio y control, el poder de Dios será mayor en nuestra vida.

Resumiendo estos cinco puntos importantes, podemos decir que Dios desea que nosotros los creyentes nos movamos y manifestemos su poder sobrenatural en el mundo físico; pero para eso, es necesario que aprendamos a ceder nuestra voluntad al Espíritu Santo, que aprendamos a ser guiados por Él, y que le pidamos que nos enseñe a caminar en compasión con las personas para sentir su dolor y su necesidad. Además, debemos aprender a caminar por fe y no por vista, y también a desarrollar una vida devocional de oración constante y dinámica. Si logramos hacer todas estas cosas, recibiremos denuedo, atrevimiento y osadía. Dios está levantando una generación del *vino nuevo*, que le crea a Dios y que se atreva a manifestar las obras sobrenaturales del Señor aquí en la tierra.

¿Cómo activar a un creyente en lo profético o en lo sobrenatural?

¿Qué es una activación?

Es retar a los creyentes con una verdad para que reciban la gracia divina y para que hagan lo que dice la Palabra. Es el mismo principio que se usa para recibir los dones: un creyente puede activar a otro creyente.

Por ejemplo, un evangelista guía al pecador en una oración de arrepentimiento, lo lleva a confesar sus pecados, y en ese momento, se activa el don de la vida eterna. El don de la vida eterna es un don de Dios y es activado en una persona por un creyente que le ayuda.

"8...porque por gracia sois salvos por medio de la fe; y esto no de vosotros, pues es don de Dios". Efesios 2.8

Si usted cree que al dirigir a una persona en la oración de salvación, la activará en lo sobrenatural o en cualquier otro don, usted puede esperar cualquier cosa. ¿En realidad esto funciona? Cuando recibimos al Señor, alguien nos guía en la oración de salvación.

Por fe, sabemos que esa confesión activó el don de la vida eterna. De igual forma, se activa lo sobrenatural, como los dones, los milagros, las profecías, entre otros. Cuando viene la revelación, que es por medio de la fe, se recibe el don y la persona es activada.

¿Qué se puede hacer si alguien viene y le manifiesta que quiere recibir el don de lenguas? Lo primero que usted debe hacer es imponer sus manos sobre la persona y ayudarle a recibir el don. La revelación viene a la persona y su entendimiento es iluminado. Esa persona cree, se apropia del don de lenguas por medio de la fe, y lo recibe. Cada uno de nosotros puede activar sobrenaturalmente a las personas con los dones del Espíritu Santo, con los milagros, las profecías, las sanidades, los prodigios y otros.

¿Cuáles son los cuatro ingredientes para activar a un creyente en lo sobrenatural o en lo profético?

1. Oír la palabra de Dios.

La fe para activar a un creyente en lo sobrenatural no puede venir si primero no oye la Palabra. Cualquier área de lo sobrenatural en la cual usted desee caminar, no puede ser efectiva si primero no oye la Palabra en esa área específica.

"[17]...la fe es por el oír, y el oír, por la palabra de Dios".
Romanos 10.17

2. Confesar con su boca.

"8...Cerca de ti está la palabra, en tu boca y en tu corazón. Ésta es la palabra de fe que predicamos: 9Si confiesas con tu boca que Jesús es el Señor y crees en tu corazón que Dios lo levantó de entre los muertos, serás salvo, 10porque con el corazón se cree para justicia, pero con la boca se confiesa para salvación".
Romanos 10.8-10

La confesión es el puente que conecta el mundo espiritual y el mundo físico. Por eso, es importante confesar a Jesús públicamente, ya que esto desata el poder de Dios para llevar a cabo lo que dice su Palabra. Si queremos movernos en lo sobrenatural, debemos comenzar a confesar lo que Dios dice acerca de la profecía, los milagros y las sanidades.

3. Creer con el corazón.

El creer implica actuar por fe en lo que hemos oído, creído y confesado. Por eso, para que una persona sea salva, debe aplicar estos ingredientes. Creer con el corazón significa hacer un compromiso genuino, abrazarlo y hacerlo parte de nosotros.

4. Hacer una acción correspondiente.

Veamos cómo la mujer de flujo de sangre hizo una acción correspondiente para recibir su sanidad.

"27...cuando oyó hablar de Jesús se acercó por detrás entre la multitud y tocó su manto...". Marcos 5.27

Esta mujer vino desde atrás y tocó el manto de Jesús con la convicción de que si lo hacía, recibiría lo que deseaba. Ella creyó, actuó y recibió.

Los principios anteriormente mencionados, son los que activan a una persona para recibir el don de la vida eterna. Éstos son los mismos principios que se usan para activar a un creyente en cualquier don del Espíritu Santo o en lo sobrenatural.

El andar en lo sobrenatural puede ser recibido y activado por medio de hombres y mujeres mortales, y esto se da al oír la Palabra, al confesarla con nuestra boca, al creerla en el corazón y al hacer una acción correspondiente.

CAPÍTULO 9

¿Existe un infierno?

"¹⁹Había un hombre rico, que se vestía de púrpura y de lino fino y hacía cada día banquete con esplendidez. ²⁰Había también un mendigo llamado Lázaro, que estaba echado a la puerta de aquél, lleno de llagas, ²¹y ansiaba saciarse de las migajas que caían de la mesa del rico; y aun los perros venían y le lamían las llagas. ²²Aconteció que murió el mendigo, y fue llevado por los ángeles al seno de Abraham; y murió también el rico, y fue sepultado. ²³En el Hades alzó sus ojos, estando en tormentos, y vio de lejos a Abraham, y a Lázaro en su seno. ²⁴Entonces, gritando, dijo:"Padre Abraham, ten misericordia de mí y envía a Lázaro para que moje la punta de su dedo en agua y refresque mi lengua, porque estoy atormentado en esta llama". ²⁵Pero Abraham le dijo: "Hijo, acuérdate que recibiste tus bienes en tu vida, y Lázaro, males; pero ahora este es consolado aquí, y tú atormentado. ²⁶Además de todo esto, una gran sima está puesta entre nosotros y vosotros, de manera que los que quieran pasar de aquí a vosotros no pueden, ni de allá pasar acá". ²⁷Entonces le dijo: "Te ruego, pues, padre, que lo envíes a la casa de mi padre, ²⁸porque tengo cinco hermanos, para que les testifique a fin de que no vengan ellos también a este lugar de tormento". ²⁹Abraham le dijo: "A Moisés y a los Profetas tienen; ¡que los oigan a ellos!". ³⁰Él entonces dijo: "No, padre Abraham; pero si alguno de los muertos va a ellos, se arrepentirán". ³¹Pero Abraham le dijo: "Si no *oyen a Moisés y a los Profetas, tampoco se persuadirán aunque alguno se levante de los muertos". Lucas 16.19-31*

Es interesante ver que Jesús habló más del infierno que del cielo y la razón por la cual lo hizo, es porque Él no quiere que nadie se vaya a ese lugar de tormento.

¿Qué es el infierno?

Es un lugar o una región de tormento, donde van los espíritus de las personas que mueren sin conocer al Señor. A este lugar de tormento, en el Antiguo y en el Nuevo Testamento, se le llama: Seol, Hades, abismo y abadón.

¿Dónde está ubicado el infierno en lo natural?

El infierno está ubicado en el centro de la tierra.

"40Como estuvo Jonás en el vientre del gran pez tres días y tres noches, así estará el Hijo del hombre en el corazón de la tierra tres días y tres noches". Mateo 12.40

"24El camino de la vida es hacia arriba para el prudente; así se aparta del seol abajo". Proverbios 15.24

"8Por lo cual dice: Subiendo a lo alto, llevó cautiva la cautividad, y dio dones a los hombres 9Y eso de que «subió», ¿qué es, sino que también había descendido

primero a las partes más bajas de la tierra? [10]El que descendió es el mismo que también subió por encima de todos los cielos para llenarlo todo". Efesios 4.8-10

De la superficie al centro de la tierra hay una distancia de 3.728 millas de profundidad, y una temperatura de 19.857,6 grados Fahrenheit de calor.

Si a 1.325 millas de profundidad el agua hierve, imagínese como debe estar el agua a 3.728 millas de profundidad, teniendo en cuenta que se cree que la temperatura aumenta un grado cada 100 pies.

¿Dónde está ubicado el infierno en lo espiritual?

Si le damos una aplicación espiritual, diríamos que el infierno está al principio de una vida sin Cristo, y al final de una vida sin Cristo.

¿Qué hay debajo de la tierra?

La palabra de Dios nos enseña que tiene fuego.

"[5]De la tierra proviene el pan, pero en su interior está como convertida en fuego...". Job 28.5

La presión de las capas de la tierra es tan intensa que destruye los diamantes. El mayor agujero que se ha hecho es de 65.600 pies de profundidad y fue terminado en el año 2000. Esto tomó lugar en Lavaria, Alemania.

Científicos rusos, que estudian y analizan el sonido de las placas tectónicas, utilizaron un micrófono de alta sensibilidad y lo llevaron a lo profundo de la tierra. Cuando escucharon la grabación, describieron sonidos de lamentos de personas pidiendo agua.

¿Alguien pregunta quiénes eran esas personas?

Eran personas que murieron sin conocer y recibir a Jesús como Señor y Salvador de sus vidas. En algunos versículos de la Biblia, también se habla de personas que piden agua. Veamos un ejemplo:

"24Entonces, gritando, dijo: "Padre Abraham, ten misericordia de mí y envía a Lázaro para que moje la punta de su dedo en agua y refresque mi lengua, porque estoy atormentado en esta llama". Lucas 16.24

¿Quiénes van al lugar llamado infierno?

• Aquellas personas que rechacen a Jesús como Señor y Salvador.

• Aquellas personas que son pecadoras y que no se arrepienten de sus pecados.

- Aquellas personas que nunca han creído en Jesús, quien murió, padeció y resucitó por nuestros pecados.

"²²Aconteció que murió el mendigo, y fue llevado por los ángeles al seno de Abraham; y murió también el rico, y fue sepultado". Lucas 16.22

¿Cuáles son los dos lugares a los cuales el hombre va cuando muere?

- el cielo
- el infierno

Al cielo va toda persona que haya recibido a Jesús como Señor y Salvador de su vida; pero, cuando ésta lo rechaza, su final es el infierno.

"¹⁸El que en él cree no es condenado; pero el que no cree ya ha sido condenado, porque no ha creído en el nombre del unigénito Hijo de Dios". Juan 3.18

La Biblia nos enseña que no existe ningún lugar intermedio. Tan pronto una persona muere, se va al cielo o al infierno y después, viene el juicio de Dios; en otras palabras, la reencarnación no existe.

"²⁷Y de la manera que está establecido para los hombres que mueran una sola vez, y después de esto el juicio...". Hebreos 9.27

¿Qué parte de su ser va al cielo o al infierno?

El hombre es un espíritu, que tiene un alma y que vive en un cuerpo físico. Cuando el hombre muere, su espíritu y su alma nunca se separan, y si ha conocido al Señor, es llevado por los ángeles de Dios al cielo. Ahora, si nunca ha reconocido a Jesús como su Señor, su espíritu y su alma son llevados por los demonios al infierno, que es el lugar de tormento, y el cuerpo físico, como es sabido, va a la tumba.

"22Aconteció que murió el mendigo, y fue llevado por los ángeles al seno de Abraham; y murió también el rico, y fue sepultado". Lucas 16.22

Veamos una ilustración que demuestra que el hombre tiene un espíritu.

Se hizo un experimento con setenta personas, todas ellas fueron pesadas en camas de balanza; Treinta de esas personas murieron, y cuando las pesaron de nuevo pesaban 36 gramos menos. Este experimento nos da otra indicación que cuando el hombre muere, su espíritu parte de la tierra. Hicieron el mismo experimento con perros, y encontraron que cuando éstos murieron, no les faltaba peso. Esto es simple de explicar: los animales no tienen espíritu, ni tampoco alma. Nosotros los seres humanos somos especiales, porque fuimos creados conforme a la imagen y semejanza de Dios. Por eso, somos un espíritu que tiene un alma y que vive en un cuerpo.

"8Ciertamente espíritu hay en el hombre, y el soplo del Omnipotente lo hace que entienda". Job 32.8

¿Cuáles son los castigos que reciben aquellas personas que van al infierno?

* Las personas reciben castigos a través de los cinco sentidos. Es decir, serán atormentados por medio de la vista, de los oídos, del olfato, del tacto y del gusto.

"23En el Hades alzó sus ojos, estando en tormentos, y vio de lejos a Abraham, y a Lázaro en su seno. 24Entonces, gritando, dijo: "Padre Abraham, ten misericordia de mí y envía a Lázaro para que moje la punta de su dedo en agua y refresque mi lengua, porque estoy atormentado en esta llama". Lucas 16.23, 24

Como usted ve esta narración, el rico primero miró de lejos (vista), dio voces y pidió agua (sabor) porque sentía (tacto) el tormento continuo de la llama que le quemaba, y olía cómo llegaba a su cuerpo. Si podemos darle una interpretación a esta narración, diríamos que cuando una persona está en el infierno, recuerda, ve, oye, palpa y está consciente totalmente de lo que le está sucediendo.

- Las personas que van al infierno son atormentadas por gusanos y por fuego.

"44...donde el gusano de ellos no muere y el fuego nunca se apaga". Marcos 9.44

- Las personas que van al infierno son castigadas con densas tinieblas.

"5Ciertamente la luz del impío se apaga y no resplandecerá la llama de su fuego". Job 18.5

"22...a la tierra de la oscuridad y el desorden, lóbrega como sombra de muerte, donde la luz es como densas tinieblas". Job 10.22

Uno de los mayores castigos para una persona es estar en densa oscuridad o tinieblas, y como si fuera poco, que todo su ser sea atormentado con fuego y gusanos. El castigo es grande; el fuego del infierno es oscuro y no alumbra.

- Todos los que van al infierno son quemados con fuego.

"43Si tu mano te es ocasión de caer, córtala, porque mejor te es entrar en la vida manco, que teniendo dos manos ir al infierno, al fuego que no puede ser apagado...". Marcos 9.43

- Son castigados con un constante movimiento.

"11El humo de su tormento sube por los siglos de los siglos. No tienen reposo de día ni de noche los que adoran a la bestia y a su imagen, ni nadie que reciba la marca de su nombre". Apocalipsis 14.11

Las personas que se pierden en el infierno, no tienen reposo ni de día ni de noche. Están en constante movimiento de día y de noche, por los siglos de los siglos.

- El castigo que reciba la persona que va al infierno, es según lo que haya hecho en la tierra.

"6Dadle a ella tal como ella os ha dado y pagadle el doble según sus obras. En el cáliz en que ella preparó bebida, preparadle el doble a ella. 7Cuanto ella se ha glorificado y ha vivido en deleites, tanto dadle de tormento y llanto, porque dice en su corazón: "Yo estoy sentada como una reina, no soy viuda y no veré llanto". Apocalipsis 18.6, 7

- Hay llanto y crujir de dientes.

"30Y al siervo inútil echadlo en las tinieblas de afuera; allí será el lloro y el crujir de dientes". Mateo 25.30

- Otro de los castigos es estar prisionero, sin libertad de movimiento, amarrado en eterna quietud.

"⁴Dios no perdonó a los ángeles que pecaron, sino que los arrojó al infierno y los entregó a prisiones de oscuridad, donde están reservados para el juicio".
2 Pedro 2.4

Testimonio de Howard Pittman

Al hermano Howard Pittman, lo conocí personalmente. Este hombre tuvo una experiencia después de la muerte y fue la siguiente: Él estaba en el cielo y Jesús le mostró el momento cuando 2,000 personas murieron en la tierra, salieron y dejaron sus cuerpos, y cómo su espíritu se apartó de la tierra. Para sorpresa del hermano Pittman, vio al Señor Jesús llorar, entonces le preguntó por qué lloraba. El Señor le contestó que Él lloraba porque eran más los que se perdían en el infierno que los que se salvaban e iban al cielo. De esas 2.000 personas que murieron, solamente 50 personas llegaron al cielo. Lamentablemente, 1.950 personas se fueron al infierno por los siglos de los siglos.

"¹⁴...pero angosta es la puerta y angosto el camino que lleva a la vida, y pocos son los que la hallan". Mateo 7.14

Con razón dijo Jesús cuando estaba en esta tierra, que el camino a la perdición es ancho, pero el camino al cielo es angosto. Hoy día, las personas no quieren escuchar de Dios y no saben que si no se arrepienten, les espera algo terrible.

Hay muchos cristianos que no han nacido de nuevo.

Muchos creyentes están convencidos pero aun no estan convertidos a Jesús. Siguen viviendo en su pecado; por ejemplo: roban, mienten, adulteran, viven en continuos celos, envidias, falta de perdón, están amargados y no obedecen la palabra de Dios. Es necesario convertirse a Jesús (tener una verdadera relación con Él) y nacer de nuevo, porque no es suficiente sólo con estar convencido de que Jesús es el hijo de Dios.

"7...Os es necesario nacer de nuevo". Juan 3.7

Amigos, quiero hacerles una invitación para que no vaya a ese lugar de tormento llamado infierno. Al final de este libro, usted puede repetir una oración conmigo que lo llevará a recibir la vida eterna. Todavía hay tiempo para evitar esa tragedia. Alguien me preguntó una vez: "¿cómo un Dios de amor envía a la gente al infierno?". Mi respuesta fue la siguiente: "Dios no envía a la gente al infierno, la gente se envía sola. Dios le dio al hombre un libre albedrío para que escogiera entre el cielo y el infierno. Dios creó el cielo para vivir Él y el hombre, y creó el infierno para el diablo y sus demonios; pero, desdichadamente, el hombre hoy prefiere escoger el mal antes que el bien.

Atesore cada momento de su vida en Cristo

Un ser humano disfruta los momentos más lindos de su vida cuando conoce a Cristo como su Señor y Salvador, porque la vida tiene otro sentido; podemos disfrutar de nuestra familia, de nuestros hijos, del dinero y del resto de las cosas.

La vida en esta tierra es corta, comparada con estar perdido en un lugar de tormento por los siglos de los siglos. Hoy, aquí en la tierra, tenemos la oportunidad de ser salvos y de entregar nuestro corazón al Señor.

¿Por qué perder más tiempo si podemos comenzar ahora mismo?

Se hizo una encuesta acerca de cómo una persona promedio distribuye el tiempo durante su vida, y éstos fueron los resultados:

- Una persona vive un promedio de 70 años.
- De esos 70 años, se cree que esa persona duerme 25 años.
- Y que 35 años de su vida se dedica al trabajo.
- Así que, lo único que le queda para disfrutar son 10 años.

Si comparamos esos años aquí en la tierra con los años, siglos y milenios que pasaremos con Dios en el cielo, o sin Dios en el infierno, son una parte minúscula.

¿Por qué no disfrutamos esos años que nos quedan en la tierra con Cristo, y el resto de la eternidad con

Dios? ¿Cómo lo podemos hacer? Arrepintiéndonos de nuestros pecados y reconociendo a Jesús como Señor y Salvador de nuestra vida. Al final de este libro, usted puede repetir una oración conmigo que lo llevará a recibir la vida eterna.

Oración para recibir el regalo de la vida eterna

¿Le gustaría ir al cielo? ¿Le gustaría reconocer a Jesús como el hijo de Dios, quien murió y padeció por usted?

Si su respuesta es sí, ahora mismo, donde usted está, puede recibir el regalo de la vida eterna a través de Jesucristo. Por favor, acompáñeme en esta oración, y repita en voz alta.

"Padre Celestial: Yo reconozco que soy un pecador, y que mi pecado me separa de ti. Yo me arrepiento de todos mis pecados, y voluntariamente, confieso a Jesús como mi Señor y Salvador, creo que Él murió por mis pecados. Yo creo, con todo mi corazón, que Dios el Padre lo resucitó de los muertos. Jesús, te pido que entres a mi corazón y cambies mi vida. Renuncio a todo pacto con el enemigo; y si yo muero, al abrir mis ojos, sé que estaré en tus brazos. ¡Amén!

Si esta oración expresa el deseo sincero de su corazón, observe lo que Jesús dice acerca de la decisión que acaba de tomar:

"⁹Si confiesas con tu boca que Jesús es el Señor y crees en tu corazón que Dios lo levantó de entre los muertos, serás salvo, ¹⁰porque con el corazón se cree para justicia, pero con la boca se confiesa para salvación". Romanos 10.9, 10

"⁴⁷De cierto, de cierto os digo: El que cree en mí tiene vida eterna". Juan 6.47

๑ Conclusión ๑

El Señor nos ha dado todas las herramientas para poder cumplir con la gran comisión y es nuestra responsabilidad hacerlo. Las estadísticas nos desafían a cumplir con esa gran comisión. Hemos aprendido mediante el estudio de este libro, cómo Jesús testificaba, y además, qué decir y qué no decir cuando estemos frente a una persona que no conoce de Dios. Por lo tanto, es nuestra decisión si compartimos o no el plan de salvación con aquellos que están a nuestro alrededor. Oremos para que el Señor abra los ojos del entendimiento de los inconversos, y esperemos ser enviados por nuestra cobertura espiritual para que la unción apostólica nos respalde.

❧ Bibliografía ☙

Biblia de Estudio Arco Iris. Versión Reina-Valera, Revisión 1960, Texto bíblico copyright© 1960, Sociedades Bíblicas en América Latina, Nashville, Tennessee, ISBN: 1-55819-555-6.

Biblia Plenitud. Versión Reina-Valera, Revisión 1960, ISBN: 089922279X, Editorial Caribe, Miami, Florida.

David, Jerry. *Soul Winning.* Street Reach Ministries, PO Box 9, Humble, Texas 77347.

Diccionario Español a Inglés, Inglés a Español. Editorial Larousse S.A., impreso en Dinamarca, Núm. 81, México, ISBN: 2-03-420200-7, ISBN: 70-607-371-X, 1993.

El Pequeño Larousse Ilustrado. 2002 Spes Editorial, S.L. Barcelona; Ediciones Larousse, S.A. de C.V. México, D.F., ISBN: 970-22-0020-2.

Expanded Edition the Amplified Bible. Zondervan Bible Publishers. ISBN: 0-31095168-2, 1987 – Lockman Foundation USA.

Reina-Valera 1995 - Edición de Estudio, (Estados Unidos de América: Sociedades Bíblicas Unidas) 1998.

Silvoso, Ed. *Prayer Evangelism.* Published Regal– Books, USA, ISBN: 0-8307-2397-8.

Silvoso, Ed. *That None Should Perish.* Regal Book, 1994, USA, ISBN: 0-8307-1690-4.

Strong James, LL.D, S.T.D., *Concordancia Strong Exhaustiva de la Biblia*, Editorial Caribe, Inc., Thomas Nelson, Inc., Publishers, Nashville, TN - Miami, FL, EE.UU., 2002. ISBN: 0-89922-382-6.

The New American Standard Version. Zordervan Publishing Company, ISBN: 0310903335.

The Tormont Webster's Illustrated Encyclopedic Dictionary. © 1990 Tormont Publications.

Vine, W.E. *Diccionario Expositivo de las Palabras del Antiguo Testamento y Nuevo Testamento.* Editorial Caribe, Inc./División Thomas Nelson, Inc., Nashville, TN, ISBN: 0-89922-495-4, 1999.

Ward, Lock A. *Nuevo Diccionario de la Biblia.* Editorial Unilit: Miami, Florida, ISBN: 0-7899-0217-6, 1999.